正能量网评

评什么?
怎么评?
为谁评?

POSITIVE ENERGY
ONLINE COMMENTARY

周成洋 ◎ 著

图书在版编目（CIP）数据

正能量网评：评什么？怎么评？为谁评？/ 周成洋著.—北京：中国民主法制出版社，2023.10
ISBN 978-7-5162-3092-3

Ⅰ.①正… Ⅱ.①周… Ⅲ.①互联网络—舆论—研究—中国 Ⅳ.① G219.2

中国国家版本馆 CIP 数据核字 (2023) 第 188333 号

图书出品人：刘海涛
出版统筹：石　松
责任编辑：刘险涛　高文鹏

书　　名／正能量网评：评什么？怎么评？为谁评？
作　　者／周成洋　著

出版·发行／中国民主法制出版社
地　址／北京市丰台区右安门外玉林里 7 号（100069）
电　话／（010）63055259（总编室）　63058068　63057714（营销中心）
传　真／（010）63055259
http：//www.npcpub.com
E-mail：mzfz@npcpub.com
经销／新华书店
开本／ 32 开　787 毫米 ×1092 毫米
印张／ 9.25　字数／ 233 千字
版本／ 2023 年 11 月第 1 版　2023 年 11 月第 1 次印刷
印刷／三河市宏图印务有限公司

书号／ ISBN 978-7-5162-3092-3
定价／ 58.00 元
出版声明／版权所有，侵权必究。

（如有缺页或倒装，本社负责退换）

目录 CONTENTS

· 育英观语 ·

002	号召引领青年书写伟大篇章
006	凝聚思想共识探索青年道路
009	激发教育力量信赖依靠青年
012	守护青年健康不负时代重托
015	服务婚恋需求助力青年发展
018	投身就业创业成就奋斗之我
021	发展优秀文化树立青年自信
024	团结带领青年融入参与社会事务
028	提供法律援助保障青少年合法权益
031	拥抱美好生活预防青少年违法犯罪
034	覆盖保障需求破解特殊青年困难

上游之志

038	九三大阅兵是在向英雄致敬
041	英雄指引历史　希望照耀民族
044	正义不能向历史虚无主义低头
046	与民族共命运　与人民同呼吸
048	感恩历史选择了中国共产党
051	95载风和雨，不应忘却走过的历程
053	承载纪念的力量是为了更好地前行
055	长征精神将在时代共鸣中愈发闪耀
058	写在长征胜利80周年，为长征精神献礼
060	从历史中汲取奋力前行的力量
063	长征是检验伟大理想信念的伟大实践
065	共产党员与信仰
070	传承红色基因向中华民族伟大复兴奋进
072	三个90周年，从英雄身上汲取精神养分
074	打赢脱贫攻坚战，新时代青年要敢于作为
077	不负时代所托　绽放青春光彩
080	建功正当时　奋勇搏人生
083	不忘初心牢记使命，创造无愧于历史的奋斗人生
085	拥抱大历史　奋斗新时代
088	国庆70周年大阅兵，向世界展现更自信的中国
090	历史和人民缔造了新中国

092	探寻初心使命化作永远奋斗的力量
094	中国共产党是具有群众基础的党
096	这是一个无愧于历史重托的伟大时代
099	力戒"骄娇"二气　在奋斗中拥抱伟大祖国
102	传播正能量　青年正当时
104	牢记"人民立场"　新时代青年要敢于亮剑

·谈政时言·

108	党和政府的喉舌就是人民的喉舌
111	纪检干部更要有纪律意识
113	基层要真正落实执政为民
115	把心沉下去　让民意升上来
117	振兴乡村推动城乡融合是具有中国特色的发展路径
120	养老和医疗改革的突破顺应新时代发展要求
122	推动共有产权房建设重在政策落实惠及民众
124	打击非法校园贷的高压底线不能变
127	就业创业，二线城市也是重要选择
129	加大力度整治打击非法网络借贷刻不容缓
131	城市争夺人才，不是钱"烧"得越多越好
133	撒钱能吸引人才，那留住人才靠什么
135	莫用"吸引人才"的名义变相为楼市"撑腰"
137	振兴乡村，让"走出去"的人才"走回来"

139	推进殡葬改革要充分把握民情舆情防范不良倾向
142	为中华民族伟大复兴培养合格的新时代建设者
144	把好青年工作的思想关
147	有责任感的干部不是用来委屈的
149	在进步发展中坚持规矩意识
151	建功正当时，写好乡村振兴这篇时代大文章
153	健康有序地推进政务新媒体发展
155	积极有序推进建设数字中国拥抱新辉煌
157	让乡村在振兴中走向富裕，关键在发展产业
159	守护民族的未来，助力少年儿童健康成长
161	宣讲时代好故事　唤醒青年大力量
163	当世界需要一个英雄，他们把目光朝向了中国

·世俗见论·

170	网络审判不该成为一种另类特权
173	冤假错案是法治社会的敌人
176	当我们老了，还有人敢扶吗
179	请不要这样抹黑中国
182	接近真实的中国才更有资格去评论中国
185	有一种无力叫被误解的警察权力
188	应给公务员群体正常的舆论评价

190	我们为什么比杀人的老虎更狠毒
193	社会习惯认识为逼人让座助长气焰
195	像治理雾霾一样治理网络"雾霾"
197	莫以正义之名行网络暴力
200	2018年高校毕业生超800万，带来的也是发展动力
202	平台和受众都不应为未成年孕妈现象托底
204	坚持正确价值取向，抵制不良视频传播
206	猪肉价格下跌或可倒逼生猪养殖行业优化
208	从法律视角为抵制网络暴力提供支持
210	把官僚作风赶出高校大门
212	决不允许"山寨社团"非法生长
214	基层决策应多些科学思维
216	让真相回归 乱港媒体当休
218	让理性回归 乱港暴行当休
220	让正义回归 乱港之徒当休
221	一个人不爱国，那是很丢脸的

· 杂说相音 ·

228	希望每个人的梦想都能开出一朵花
231	谁能告诉我祖国是什么
234	也谈"国人冷漠"
237	对旁人多些理解和体谅

240	舆论场上当如何
242	你是什么样子，祖国的未来就是什么样子
245	请不要辜负明天的自己
247	用更宏大的视野看待自己
249	高考失利不代表人生失利，路就在脚下
252	青年，你只是败给了心中的弱者
253	面向未来，愿你收获更多美好
254	职场新人要准确定位自身方向
256	在新征程上创造新辉煌
258	努力并励志着迎接明天
260	历史呼唤责任　坚守正义高地
262	新时代属于每一个人，我们从未被时代抛弃
265	致高中毕业生：你可以不完美
267	你真的老了吗？莫丧失理想的锐气
269	年轻的时候，不要留下败给金钱的遗憾
272	拒绝偏见，正视青年
275	用理智克制的态度去观察生活
277	离开平台你算什么？我们要准确认识自己的价值
279	该迎难而上时绝不退缩，青年不应否定自己
281	请你善良，我们都将化成满天星辰里的一束光
283	眺望新的一年，迎接新的明天
285	如果无法感同身受，那你永远都不知道别人在承受什么

·育英观语·

上游之志

谈政时言

世俗见论

杂说相音

号召引领青年书写伟大篇章

（2019年4月4日）

青年有力则国有力。青年或许限于阅历、能力，仍然不能说拥有改天换地的大力量，但是逐渐成长起来的青年一代，会慢慢走到历史舞台的中央。到时候，我们迎接的是怎样的青年？如今，我们又该如何服务和培育青年？

在社会集体意识下，青年要准确把握自己同国家、社会、党的关系，要准确定位自己的身份、角色，要认真审视自己作为一名新时代青年的责任，以期成长为让国家、社会满意的青年。但这可能是一个漫长的过程，甚至可能是一个充满曲折的过程。因此，我们要主动站出来，为青年发展规划未来。

青年是国家和社会的青年。只有充分认识到"我们需要怎样的青年""我们怎样培养青年""我们为谁培养青年"，我们对青年的认识才会更加准确，真正聚焦青年发展中的突出矛盾与紧迫需求，着力解决青年普遍关心的成长成才、就业创业、婚恋交友、权益维护等现实问题，明确目标、要求和措施，为青年发展创造更好条件。

我们需要怎样的青年？我们怎样培养青年？我们为谁培养青年？回答这些问题，我们一定要从新时代中国青年运动的方向切入，一定要牢牢把握青年工作的职责使命和路径方向。各地出台的中长期青年发展规划就是在这样的一种环境下解答青年发展的问题，关注了青年发展的重要领域，指出了青年发展过程中存在的实际问题，并规划了发展目标，提出了发展措施，指出了一个以往在做、现今要往大了做、以后要好好做强的方向。

纵观各地的中长期青年发展规划，涉及青年思想道德、青年教育、青年健康、青年婚恋、青年就业创业、青年文化、青年社会融入与社会参与、维护青少年发展权益、预防青少年违法犯罪、青年社会保障等十大领域。领域广泛，充分体现了我们党和政府对青年的发展需求是全面了解的，对青年的地位作用是高度认可的，对青年的关心关注是深入到位的。

置身于新时代的浪潮里，比起社会的认可，青年更应从精神上认可自己。唯有如此，方能力行。如何使青年认识认清自己的身份，如何让青年担当履行自己的责任？我们应当在青年的人生关键阶段就把中国梦的种子扎根下去，让他们相信蚍蜉能撼树，相信愚公能移山，相信精卫能填海，相信夸父逐日的坚持与胜利，相信敬畏和热爱使我们前进，相信历史终究站在我们一边，相信在我们的接续奋斗中能够取得一场又一场的伟大胜利。

伟大的时代诞生伟大的思想，伟大的思想指引我们夺取伟大的胜利。时代之伟大，思想之伟大，胜利之伟大，离不开一代又一代青年接续奋斗的伟大创举。在习近平新时代中国特色社会主义思想和党的十九大精神的指导下，我们的青年走向的是一条伟大历史契机的选择之路。习近平总书记关于青年工作的重要思想，是我们做好青年工作的重要法宝，我们要用好这一法宝，帮助和指引青年创造无愧于时代的人生。

掌握青年，掌握未来。任何时代都不应小觑青年的无限可能。有理想、有本领、有担当的青年一代是担起强国使命的一代青年，是实现中华民族伟大复兴中国梦的推动力量，是建设中国特色社会主义现代化强国的重要力量。现在及未来，他们的分量只会越来越重，他们的力量只会越来越大。一个国家，一个政党，都不应对这样的力量视而不见。走近青年、联系青年、服务青年、引导青年、发展青年，我们要做的是青年人生前途的指路人，要在团结教育组织广大青年的过程中，让他们不必犹疑不进，让他们坚定而行。

心中若无阳光，脚下何来力量？青年发展规划在广大青年的心中投下了一杆长枪，未醒者应醒，未明者当明。从思想到实践，从有形覆盖到有效覆盖，各地出台的中长期青年发展规划无不充分考虑塑造青年之健全强大的人格，使中国特色社会主义成为青年衷心拥护的发展道路，使共产主义成为青年矢志追求的远大理想，为国家培育爱国强国之才。

扎实推进落实青年发展规划，重点和难点都在"人"，关键是我们要坚持党管青年原则。我们不能不管青年，我们不能忽视青年发展的规律，我们要帮助青年找寻自己准确的定位，当然我们也得给自己有个准确的定位。我们在引领青年的同时，也在推动自己前进，我们在帮助青年发展的同时，其实也是在帮助自己发展。历史会留下回声，我们要当好青年觉醒途中的敲钟人。

我们要明确指出，坚持党管青年原则，尊重青年的特点和利益，优化青年成长环境，服务青年紧迫需求，维护青年发展权益，促进青年全面发展，引导青年树立共产主义远大理想和中国特色社会主义共同理想，坚定中国特色社会主义道路自信、理论自信、制度自信、文化自信，更好成长为中国特色社会主义事业的合格建设者和可靠接班人。

没有伟大的青年，便没有伟大的序章。每一位青年都像是一颗充满希望的种子，都有可能绽放美妙的想象，带来奇迹的曙光。历史的车轮向前，全党和全国各族人民的力量终将聚到一起，各界青年自当不可退让。青年只有认识并认清自身在历史之旅中的方位,接受伟大思想之光的指引,才能从真正意义上通向伟大之路。

幸福不是从天而降的,成功不是一蹴而就的。青年的发展不是两三天就能实现的,但也不能无限期拖延。只要是规划就有时间线,我们一定要有时间观。做好青年工作,一定要稳,要有全局规划、统筹部署,定下的目标必须坚持"落实落实再落实",参与青年发展规划实施工作的相关单位一定要"担当担当再担当",决不能随了风就没了影。时代是一篇大文章,我们应引领青年在这个时代留下自己的足迹,参与时代的建设。这是我们的责任,也是我们的担当。

凝聚思想共识探索青年道路

（2019年4月8日）

青年是什么样子，国家就是什么样子。这个时代属于我们，但最终还是属于广大成长起来的青年一代。青年向上，国家社会就积极向上；青年软弱，国家社会就消极疲惫。我们的青年展现什么样的思想状态，我们的国家社会就将处于相应的境遇境况。

青年思想道德建设，事关国家社会的方向和未来，我们不能懈怠和轻视。我们要加强青年政治引领，我们要在青年中培育和践行社会主义核心价值观，我们要分类开展青年思想教育和引导，我们要强化网上引领。

团结教育广大青年，要让"大"变得有分量。青年的数量大，青年的作用大，青年的影响大，可是缺了政治引领就有可能变得"大而无当"。结合现实，我们要强化责任意识，要深入实施青年马克思主义者培养工程，源源不断为党输送新鲜血液和政治骨干。加强青年政治引领，要把好青年的思想关，我们要注重引导青年学习马克思主义基本原理，树立辩证唯物主义和历史唯物主义的世界观、方法论。我们要注重加强宣传教育、示范引领和实践养成，引导广大青年增强使命意识和责任意识，自觉把人生追求融入党和国家事业。在这个过程中，我们要更加熟悉青年、了解青年、体谅青年，既要当"严父"，也要当"慈母"。

中国有中国的国情，中国有中国的特色。红色基因是在历史实践中诞生并发展、成长并壮大的重要革命精神，是历史赋予我们的宝贵财富，便于我们了解我们党的故事，体会我们党的初心，感知我们党的使命，是坚定我们广大青年道路自信、理论自信、制度自信、文化自信的重要支持。我们应当深入开展红色基因代代传工程，助力红色基因传承地建设，从历史中汲取更多更大更有力的精神养分。我们决不能丢弃历史留下的这笔宝贵财富，决不能遗忘和丢失"红色"这一特殊重要的底色。

无论何时，我们对青年的培养都应当是全面的培养，我们对青年的发展规划都应当是全方位的发展方向。培育和践行社会主义核心价值观是我们党凝聚全党全社会共识的重要论断，遵循这一论断是实现中华民族伟大复兴中国梦的重要基础，也是我们应当要为青年植入的"风向标"。社会主义核心价值观的核心本质是能够引发人们普遍共鸣的美好存在，我们在青年中培育和践行社会主义核心价值观，更是对美好事物的再挖掘，对美好品质的再深化，对美好生活的再创造，是对青年这一人生重要阶段的重要指引。我们要深入引导青年勤学、修德、明辨、笃实，爱国、励志、求真、力行，要让青年更相信这个时代，更自信自己的价值，更坚定崇高的理想信念，要真正将社会主义核心价值观融入青年的血液里，使之行为上主动对标，自觉践行。

我们要帮助青年担起伟大的使命和责任，我们就要在青年群体里广泛开展思想教育，引导青年在时代大叙述的语境下壮大自己，尤其是根据不同群体青年的特征，分类开展青年思想教育和引导。

人生是一场马拉松，第一个冲出起跑线的运动员不一定是第一个冲过终点的。在漫长的征途中还有很多不确定性，广大青年唯有坚定信念，坚定方向，才能坚持下来。我们要做的就是给予他们思想上的信念支持，引导他们在方向上不偏离轨道。尤其在中等教育阶段和高等教育阶段这两个关键时期，青年接受的思想教育和引导特别重要。面向不同群体的青年，我们注重把解决思想问题与解决实际问题相结合，引导企业青年正确看待个人、企业、社会、国家的关系，引导进城务工青年心向党和政府、矢志拼搏奋斗，引导农村青年积极投身乡村振兴。

当代中国青年，要身怀国家情怀。爱国是社会的"最大公约数"，爱国主义凝聚了一国公民对国家、对历史、对民族的基本认同，反映了整个国家的整体精神，反映了整个社会的集体风貌。我们要大力弘扬爱国主义精神，更要注重强化网上思想引领。作为信息时代的最大变量，我们要将"互联网"作为开展青年思想教育的重要阵地，将其发展为团结、带动和壮大网上积极力量的最大增量，大力开展正面宣传，增强网络正能量，消解网络负能量。客观看来，青年更加熟悉"互联网"的规律，我们只有真正引领青年，才能真正引领网上思想，只有真正用好青年的力量，组织动员青年针对网上错误言论和现象旗帜鲜明、敢于斗争，营造一个清朗的网络空间才更有效力。

路在何方？路在脚下，更在青年心中。如果说思想道德是文明社会的大厦，那么青年就是建设这座大厦的重要参与者，这座大厦同时承载着我们社会的重要寄托。故而，就算青年工作不好做，我们也必须做，且必须要做好。因为青年的思想潮流往何处去，最终关乎的是文明社会这座集体共识大厦的命运。

激发教育力量信赖依靠青年

（2019年4月9日）

世界历史浩浩汤汤，只见教育强者强，不见教育弱者昌。教育是一个民族实现兴盛的关键钥匙，哪个民族掌握了这把钥匙，就能迎来民族的巨大飞跃。在实现"两个一百年"奋斗目标、实现中华民族伟大复兴中国梦的征程中，我们的教育必须强。强大的教育保障，有利于支持我们在攻坚克难的道路上，迎接一个又一个胜利。

我们要重视教育，更要重视青年教育。担当强国使命的青年一代，更是代表国家未来的一代青年。青年应当是值得信赖和依靠的，我们相信他们能续写和创造伟大篇章的辉煌。倘若青年的教育都提不上去，致使青年的素养整体偏低，我们的青年还是否值得信赖，国家要走向强大还能否依靠他们？做好青年教育工作，激发教育力量，是让青年更值得信赖和依靠的重要保障。

做好青年教育工作，要提高学校育人质量。学校是青年成长阶段最为重要的场所之一，甚至远超家庭。学校的教育质量直接关系青年教育的水平，育人质量的高低直接影响青年重要发展阶段的全过程。学校要坚持立德树人，深化教育改革，把增强学生社会责任感、法治意识、创新精神、实践能力作为重点任务，贯彻到学校教育全过程，构建德智体美劳全面培养的教育体系。教育改革最初的目标和最终的落脚点都会回到学生身上，青年学生整体素养的提升，更是国家社会整体前进的重要基础。

做好青年教育工作，要科学配置教育资源。社会的主要矛盾已经转化为人民日益增长的美好生活需要和不平衡不充分的发展之间的矛盾，人民对教育资源的需求在增加，尤其是青年一代，更是接受教育的主体。如若区域间教育资源的配置不科学不平衡的局面不能被打破，青年教育无疑就成了一个大问题。为此，我们必须要加大教育投入向革命老区、民族乡村、边远贫困地区的倾斜力度，逐步缩小地区间教育资源差距，尤其应当照顾贫困家庭学生、进城务工青年、少数民族青年和残疾青年等特殊青年群体。

做好青年教育工作，要强化社会实践教育。实践检验真理。在奋斗实践中实现人生梦想是走向幸福的必经之途，在奋斗实践中锤炼过硬本领是自我成长的重要环节，在奋斗实践中凝聚增强青年的公共服务意识是个人价值的巨大收获。我们鼓励青年参与社会公共服务和社会公益事业，还应教育引导青年崇尚劳动、尊重劳动。踏实努力的青年，让中国更踏实，让社会更有力。我们还要教育引导青年践行诚信理念，在实践中保持向上的纯真，不惧生活的挫折，敢于有梦，勤于追梦，勇于圆梦。

做好青年教育工作，要促进青年终身学习。学无止境。时代在发展，信息在更迭，跟不上知识生长的步伐就会被时代所淘汰。青年一代担当强国使命，必须要跟上时代的步伐，要走在时代的前线。要想成为时代的引领者，青年就得不断通过学习提升自己，方能在时代的大风浪里起舞弄潮。为了促进青年终身学习，我们必须要为青年创造良好的教育环境，在家庭教育、继续教育、社会教育方面下功夫，规划青年成长成才各个环节的教育需求，实现对青年教育空间的全覆盖。

做好青年教育工作，要培育引进青年人才队伍。无论什么时代，人才都是推动时代前进的最大宝藏。我们要统筹推进全方位、各领域青年人才队伍建设，建立健全对青年人才的普惠性支持措施，改革完善青年人才管理体制，鼓励青年创新创造。我们要为广大青年成长成才提供力量支持，我们要为青年同志的拼搏奋斗创造环境条件，只有让青年人才更有获得感、认同感、使命感，将个人前途命运融入国家民族的前途命运，积极投身建设中国特色社会主义事业的大潮，我们的广大青年才能在这个时代发出中国最强音。

历史大势终归是由人推动的。确切来说，靠的是人才，靠的是帮助广大青年成长成才的教育。青年教育之所以重要，是因为其关系千千万万的青年在建功立业、创造精彩人生的舞台上，能否全程性地参与，能否抓住和把握机遇。

我们要信赖各行各业的广大青年，信赖他们自身创造的价值，信赖他们建设国家的决心，信赖他们服务社会的能力。我们要依靠他们的力量为人民向往的更美好的生活创造条件，我们要大胆地依靠青年在实现"两个一百年"奋斗目标和中华民族伟大复兴中国梦这一新的长征上，讲述更伟大、更精彩的故事。

守护青年健康不负时代重托

（2019 年 4 月 10 日）

健康，身体之根本。离开了这个根本，理想也好，事业也罢，都难以撑起。幸福不是从天而降的，是通过勤劳的双手努力得来的。离开了健康，努力的效果就会打折。我们鼓励支持青年创造精彩的人生，我们鼓励支持青年在奋斗的舞台上实现人生价值，可是没有健康的身体作为本钱，如何取得生活这场战役的胜利？

青年健康，关乎国家健康。社会健康稳定，国家长治久安，靠的是人，关注的还是人。健康问题，归根结底就是围绕人的发展的问题。作为个体的千千万万的青年，是一个有机整体，与国家命运牢牢绑定。人如果出了问题，国家社会如何健康发展？我们应当清楚看到，青年体质健康水平亟待提高，部分青年心理健康问题日益凸显。问题就在眼前，该不该治，该怎么治？只有跨过去，国家社会才能更好地发展。

塑造青年才能塑造未来。客观看待青年的成长，辩证把握青年发展与时代发展的关系，青年健康都是一个必须重视的领域。抓好当下的青年工作，不能忽视青年的健康。基于此，各地的中长期青年发展规划要在发展目标中充分考虑：持续提升青年体质健康水平，青年体质达标率要大幅提高；青年心理健康辅导和服务水平得到较大提升，青年心理健康问题发生率得到有效控制，青年才能积极投身健康中国建设。

满足青年对美好生活的向往,让时代更昂扬。我们党和国家历来高度重视青年、关怀青年,中国特色社会主义进入新时代,我们应该以人民对美好生活的向往为目标,关心解决青年的现实问题和迫切需求。健康是美好生活的基础,是人民向往美好生活的重要组成。关心关注青年的健康,加强和提高青年的健康,让青年对生活更向往,热情更饱满,这样的时代更加催人奋进!

关注青年健康,提高青年体质健康水平很重要。时代在进步,青年的体质健康应跟随时代步伐前进。关注当下,青年体质健康水平亟待提高。在一些青年亚文化兴盛的背后,我们看到了一些青年惰性的极大发散,不爱运动,少做运动,被消极因素所影响,埋头于相对封闭独立的狭小空间,沉迷于对电子产品的过度使用,一部分青年的生活社交在逐渐崩塌,更多的青年体质健康水平在不断下降。我们应当号召广大青年参与全民健身运动,我们要组织青年广泛参与全民健身运动,鼓励和支持青年体育类社会组织发展,带动更多青年培养体育兴趣和爱好。

关注青年健康,加强青年心理健康教育和服务很重要。心理健康,往往是易被忽视的重要问题。我们要注重加强对青年的人文关怀和心理疏导。青年很多错误行为的背后,恰好就是心理健康出了问题。青年的违法犯罪现象,背后亦有心理健康的一些影响。扭曲的心理状况,更易使得青年走上歧途。在一些造成重大恶劣影响的青少年违法犯罪事件里,青年缺乏理性平和的心态,缺乏积极向上的精神,无法正确处理个人与他人、个人与集体、个人与社会的关系,这种心理健康问题正是我们要去攻克的问题。尤其要加强源头预防,注重对青年心理健康问题成因的研究分析,构建和完善青年心理问题高危人群预警及干预机制。

关注青年健康,加强青年健康促进工作很重要。健康的生活方式关系青年长久的健康。大事见于细节，健康始于习惯。倡导健康的生活方式，加强健康教育，提升青年健康素养水平，是保障青年健康的重要措施。吸烟、酗酒、吸毒、高危性生活等，是青年生活中的可怕"陷阱"，在逐渐破坏青年的健康，在慢慢摧毁青年的身体，是我们必须拔除的毒刺。围绕促使青年摒弃不良生活习惯，我们不仅要从心理干预入手，也要从环境影响进行改变。以吸烟为例，吸烟者与被动吸烟者的健康都深受"烟害"，我们必须要改变青年吸烟这一不良习惯，我们要广泛开展青年禁烟行动，同时应加大控烟力度，既要让青年自觉成为禁烟代言人，也要为青年打造"无烟校园"等环境，让其不能吸烟、不想吸烟。

青年是新时代的奋斗者，更是新时代的缔造者。决胜全面建成小康社会、夺取新时代中国特色社会主义伟大胜利，离不开千千万万青年的参与建设。人生漫漫长路，多少艰难险阻等待破解，倘若没有健康的体魄和心智支持青年砥砺前行，广大青年又如何不负时代不负青春？

服务婚恋需求助力青年发展

（2019年4月11日）

青年理应是有血有肉的青年，是对生活饱含深情的青年。热爱生活，从爱人开始。青年情感是需要我们关注的一个话题，青年婚恋更是需要我们重视的一个领域。婚恋，竖立在大多数青年面前的一扇门，推开门，徜徉在感情的长河里，青年携手另一半将在与他人相处的过程中不断完善自己，将在追寻真挚情感的过程中发现更好的自己。

青年婚恋问题要在阳光下得到社会关切和解决。婚恋的重要性不言而喻，只是婚恋属于更偏向极私人化的领域，这便让青年婚恋处在了一个较为尴尬的位置。非不能谈及，而是不愿谈及。不谈，不代表不存在婚恋问题，更不代表目前状态维持的一段婚恋关系不会出问题。年轻一些的时候，有的人对婚恋话题忌讳又回避。稍长一些年纪的时候，有的人又迫不及待地想要投身其中。这种自我矛盾的心理变化，也是表现了个人对婚恋认识的一种缺乏。

婚和恋是不同状态下的情感关系，婚恋背后涉及许多方面，诸如人们对情感生活的价值观念，人们对情感伴侣的尊重理解，人们对两性关系的安全把握，人们身处婚恋关系之中如何保障自己的权益，等等。从年龄层客观判断，青年则是应该被重点关照的群体。这种关照绝不是狭隘理解的照顾，而是要有引导性的、机制性的、法律性的一些措施。

围绕目标有序稳定推进，帮助青年发展自身，更是帮助青年规划未来。我们的青年应该形成什么样的婚恋观念？我们相关的服务工作要抓在何处？我们又如何为青年的权利提供保障？各地出台的中长期青年发展规划基本聚焦了青年关心的这些问题，并定下发展目标，比如，青年婚恋观念更加文明、健康、理性；青年婚姻家庭和生殖健康服务水平进一步提升；青年的相关法定权利得到更好保障。

服务青年，是帮助青年发展的重要依托。一个青年假如其婚恋观念落后负面，假如其对伴侣极为不尊重，假如其家庭观念责任缺失，如何谈其发展？一个青年倘若将婚恋作为烦恼，心中抵触抗拒，抑或总是"悬而未决"，甚至可能在一些情况下被骗婚违法行为所伤害，又或是被安全系数较低的服务平台所欺骗，我们又如何解其忧？此外，我们很多时候可能考虑的还是青年如何寻找伴侣的问题，但是除却婚恋交友可能存在一些障碍之外，青年自身对于性健康知识又有几分深刻了解？我们的服务能不能跟上，这种时候非常关键。

青年在发展中迫切需要解决的问题在哪里，我们的服务就要落到哪里。服务青年，帮助青年在认识上、行为上得到进步性的改变，应是在全社会通力合作中凝聚更大的共识。观念决定了青年的行为结果，我们要通过对青年观念的引导，加强青年自身觉悟，让青年能回应社会期许，能担起社会重托。为此，我们必须加强青年婚恋观、家庭观的教育和引导。学校、媒体、家庭都要发挥应有的作用，要在宣传教育上强化青年对情感生活的尊重意识、诚信意识和责任意识，要从生活到心理上引导青年学生树立文明、健康、理性的婚恋观，要传播积极向上的主流旋律，鲜明抵制负面婚恋观念，树立正确的家庭观念。

增强青年婚恋效果，要切实服务青年婚恋交友。婚恋关系开始之初重在社交，在缺乏社会交往活动的情况下，让彼此互不相识的青年真正融入此次情感共鸣的世界，是极难的。关心青年情感，我们要当好广大单身青年的"红娘",为他们创造相知相识的条件与机会。我们应当支持开展健康的青年交友交流活动,规范青年社交应用软件,整顿婚介服务市场,打击违法婚介行为,整合社会资源建立联系沟通机制,为单身青年搭建安全可靠的交流交友平台,尤其要重点做好大龄未婚青年等群体的婚姻服务工作。

  提高青年婚恋质量,一定要把开展青年性健康教育和优生优育宣传教育作为一项重中之重工作来抓。这项工作其实在婚恋领域内并不是人们所聚焦的重点,不过从实际考虑,尤其对已经缔结一段恋爱和婚姻关系的男女青年而言,这项工作不仅不应羞于不言,更应大力推广和重点落实。比如,加大对适龄青年的婚育辅导力度,加大适龄青年婚前检查、孕前检查和产前检查的普及力度,这为提前干预避免一些悲剧的发生提供了帮助。一些遗传疾病极难治愈对于未出生的生命是伴随一生的噩梦,一些基因缺陷患上绝症的孩子不仅自己痛苦,他们所遭受的绝不是努力活着的挣扎,而是在必死的道路反复挣扎体验死亡的触感,他们将成为千千万万家庭一辈子抹除不了的痛。

  婚恋是一个伴随人类文明发展、愈发凸显重要的领域。关心青年婚恋,应将推动美好情感生活化为青年昂扬前进的动力。我们无须否认,回应精神上的情感共鸣确实能使青年获取力量,并指引青年积极向上。一段好的感情,绝不只是一种浅层的感觉感受,而是真正让人更深层地去触达心中的美好。路漫漫其修远兮,若是寻得知己同行相伴,大概是一种定难忘怀的体验。我们要帮助青年在承受生活之重时,真正感知美好婚恋对于个人、家庭的重要意义。

投身就业创业成就奋斗之我

（2019年4月12日）

一代人有一代人的使命，一代人有一代人的光荣。如今我们比历史上任何时期都更接近实现中华民族伟大复兴的光辉目标，奋斗在新时代舞台之上的广大青年应当倍感光荣。我们这一代青年，要担起我们的历史使命，要作出我们这一代人的历史贡献，这也是作为新时代青年的应有觉悟。

重任在肩，当仁不让。实现全面建成小康社会奋斗目标，实现社会主义现代化，实现中华民族伟大复兴，离不开广大青年的拼搏奋斗。青年以一种什么样的姿态参与国家社会建设，青年以一种什么样的方式发挥个人在国家社会中的作用，关系青年如何看待个人同国家社会的关系。青年就业创业，正是千千万万青年报效国家社会的一种途径，是以个人之力服务国家社会。为了更好地帮助青年就业创业，各地的中长期青年发展规划提出了要求，比如，完善促进青年就业创业政策体系，加强青年就业服务，推动青年投身创业实践。

"志之所趋，无远弗届，穷山距海，不能限也。"广大青年要敢于探索，勇于前进，不断攀登，克服困难，要将理想变为现实，要将梦想化为生活。无论是就业，还是创业，我们相信青年具有无限的潜能，在任何岗位都能创造相应的价值。我们也应当为他们营造公平的就业环境，打造适合创业的氛围。我们要帮助青年形成正确的就业观，要加强对灵活就业、新就业形态的支持，促进青年自主就业，鼓励多渠道多形式就业。我们要帮助青年加大创新创业能力，推动形成鼓励创新、宽容失败的体制机制和社会环境，更好激发青年创新潜能和创业活力。

"苟日新，日日新，又日新。"青年是社会上最富活力、最具创造性的群体，理应走在创新创造的前列。这个伟大的新时代本就是最大的机遇，但是机遇从来不会在懒惰者、守旧者的门前停留，只有勇于创新创造，不断前行和奋斗，才能抓住机遇、用好机遇，得以在追求成功的道路上成就自己。事实上，成功有很多种定义，但是人生最大的成功绝不是追求小我的成功。国家的命运同个人的前途息息相关，所谓"得其大者可以兼其小"，在就业创业的过程中唯有升华人生追求，在追求大我的同时方能成就更大的成功。

这是一个可以大有作为的时代，广大青年生逢其时。大的时代提供大的机遇，但是所有的成功都不是一蹴而就的，生活在美好时代的新青年，还要沉下心来，勤学善思，在创新创业中增长智慧才干，在艰苦奋斗中锤炼意志品质，实现自身的蜕变。我们应当勇于承认，青年创业创新的热情有待进一步激发，鼓励青年创业创新的政策和社会环境需要不断优化。青年就业创业是一个复杂的领域，主观与客观的原因互相影响，决定了青年就业创业的方向。我们则必须把握和引导好这个方向。

问题在哪里，我们的目标就对准哪里。我们应该做的不仅是帮助青年认识自己、发展自己，还要为青年的发展创造更好的客观环境，要结合青年就业创业领域的现实问题，谋划未来。为此，各地出台的中长期青年发展规划提出了发展目标，比如，青年就业比较充分，高校毕业生就业保持在较高水平；青年就业权利保障更加完善，青年的薪资待遇、劳动保护、社会保险等合法权益得到充分保护；青年创业服务体系更加完善，创业活力明显提升，在实施创新驱动发展战略中的作用发挥更加凸显。

"宝剑锋从磨砺出，梅花香自苦寒来。"青年有困难，我们的服务就要跟上。关注青年困难，不让每一个立志进步发展的青年因为缺乏技能培训而失业。许多青年可能遭受了诸多常人未曾感知的困苦，或是家境贫寒，或是身体残疾，他们并非不愿就业创业，而是缺乏系统化的专业培训，不知如何就业创业。我们应对这些就业困难青年提供就业援助，帮助长期失业青年就业，尤其要加强青年职业培训，加大贫困家庭子女、青年失业人员和转岗职工、退役青年军人、残疾青年等劳动者职业技能和创业培训力度。"英雄各有见，何必问出处"，这些青年又何以不能成为这个时代的英雄？

这个时代属于每一个青年。青年一代有理想、有本领、有担当，国家就有前途，民族就有希望，实现中华民族伟大复兴就有源源不断的强大力量。奋斗的青春最美丽，奋斗的人生最精彩。广大青年要在艰苦奋斗中实现人生价值，创造人生财富，用青春书写无愧于时代的人生。青年应把小我融入大我，以更高远的志向和更崇高的胸怀去面对生活、面对困难，以矢志不渝的奋斗精神迎接明天，创造未来！

发展优秀文化树立青年自信

（2019年4月15日）

文化自信是更基础、更广泛、更深厚的自信，牢固树立文化自信，可以为我们寻得一种更基本、更深沉、更持久的力量，是民族发展、国家前进的重要支撑。在历史上的各个时期，伴随着时代的发展，都将产生其独特的精神文化，其中许多都成了历史赠予我们的宝贵财富。我们的发展深受这些文化的影响，用好这笔文化财富将有助于我们在新时代创造辉煌的成绩。广大青年要当好优秀文化的传承者、发扬者。

历史更迭，青年永远是优秀文化的重要传承者，重任在肩。人类个体虽小，却承载了无穷力量，我们能够改变世界，能够改变历史，能够改变自然，我们对于外物的这种改变，依靠的绝不只是我们借助外物的强大，更因为我们内在的传承之火生生不息。在新的历史条件下，我们要进行伟大斗争、建设伟大工程、推进伟大事业、实现伟大梦想，都离不开文化所激发的精神力量。青年是接受文化影响的一代人，也是传播文化力量的一代人，他们今后也将是实现"两个一百年"奋斗目标、实现中华民族伟大复兴中国梦的生力军和主力军。

各地出台的中长期青年发展规划关注到了青年文化领域，并规划了发展目标。江西省更是明确，更好引导青年弘扬社会主义先进文化，传承中华优秀传统文化特别是赣文化中的优秀成分。青年文化活动更加丰富，文化精品不断增多，传播能力大幅提升，人才队伍发展壮大，服务设施、机构和体制更加健全。青年对提升文化软实力贡献率显著提高。

中国是一个有着五千多年悠久历史和文化的文明古国，这份深沉在世界上是绝无仅有的。换言之，中国的国情同世界上其他国家有着深层性的、根本性的不同。在这五千多年的历史中，中华大地上诞生了许多优秀的文化，代表了我们最深厚的文化软实力，也是中国特色社会主义根植的文化沃土。作为新时代的青年，我们应该充分运用中华民族数千年来积累下的这些伟大智慧，服务于国家社会发展。

"中国传统文化博大精深，学习和掌握其中的各种思想精华，对树立正确的世界观、人生观、价值观很有益处。"在中央党校建校80周年庆祝大会上，习近平总书记指出，古人所说的"先天下之忧而忧，后天下之乐而乐"的政治抱负，"位卑未敢忘忧国""苟利国家生死以，岂因祸福避趋之"的报国情怀，"富贵不能淫，贫贱不能移，威武不能屈"的浩然正气，"人生自古谁无死，留取丹心照汗青""鞠躬尽瘁，死而后已"的献身精神等，都体现了中华民族的优秀传统文化和民族精神，我们都应该继承和发扬。

每一个时代都有其文化精神，革命年代孕育而生的革命文化就是那个年代最鲜明的文化特色。至今，革命文化在新时代依然具有鲜活的生命力。红船精神、井冈山精神、长征精神、延安精神、西柏坡精神等，都烙上了我们党的印记，是中国共产党发展历史进程中的重要财富，是我们传承红色基因的重要源泉。面临复杂严峻的国内外形势，我们可能会不断遇到一些新问题新挑战，革命文化恰恰能够转化为我们攻坚克难的重要精神力量，有助于我们走好新时代的长征路。

以文化为内核，我们要加强文化的硬输出。再好的内容，若是脱离了实际的产品载体，便很难引发更广泛的共鸣，更难以形成引领效应。新时代的中国青年在传承弘扬优秀文化方面，可以怎么做？正如在制订青年发展规划时会被普遍考虑的,我们要"加强文化精品创作生产"及"丰富青年文化活动"。

我们应当鼓励青年文化人才创作生产展现当代青年奋发向上精神面貌的文化精品,尤其要注意引领网络文化,在创新内容形式和加大优质内容创作方面下功夫,提升优秀网络文化产品供给能力和传播能力。我们还应当丰富青年文化活动,深入挖掘中华优秀传统文化特别是地域文化的时代价值,开展优秀传统文化艺术展示交流,让青年近距离感受优秀文化的魅力并受其感染,引导青年积极参与文化遗产保护、传统工艺振兴、民间文艺传承。

人才永远是时代的主角。文化的继承和发展离不开人才。加强文化精品创作生产,丰富青年文化活动,都需要大量的青年文化人才。我们要为青年文化人才的培养提供支持,凝聚各方面的青年文化人才。我们要支持青年文化建设,帮助青年成为优秀文化的发展者、建设者、创造者。我们也要正视当代青年群体中流行的各种文化,要有针对性地开展研究与引导,发扬其中的积极因素、消解消极因素,要让青年自发成为优秀文化的坚定传播者。

文化应成为国家和民族最坚定的信仰。意识形态工作极端重要,而文化就是意识形态领域最大的阵地,我们决不能失守。历史和现实都告诉我们,文化是国家和民族最重要的存在形式,抛弃或者背叛自己的历史文化,等于高楼舍弃了基石,等于大树折断了根脉,是自毁长城的做法,是万万不可取的。继承发展优秀文化,是站在巨人的肩膀前行,反之则容易与发展机遇失之交臂,而那些缺乏眼力和觉悟的国家和民族也将有可能被淘汰于历史前进的大潮中。这个时代不会辜负青年,我们的青年更不应辜负我们的优秀文化。

团结带领青年融入参与社会事务

（2019年4月16日）

社会的发展离不开青年，民族要实现伟大复兴、国家要实现长久昌盛，都需要青年。2018年7月2日，习近平总书记在同共青团中央新一届领导班子集体成员谈话时就指出："青年一代有理想、有本领、有担当，国家就有前途、民族就有希望。代表广大青年、赢得广大青年、依靠广大青年是我们党不断从胜利走向胜利的重要保证。中华民族伟大复兴的中国梦终将在一代代青年的接力奋斗中变为现实。"

青年具有极强的可塑性，我们要走向成功，我们就要塑造成功的青年。我们的道路可能充满曲折和艰辛，但是我们的前途是一片光明的，辩证把握这一关系方能更加坚定信心。无疑，朝向光明的前途，我们的青年必须走好关键的每一步，作为引路人的我们更应该帮助青年成长发展。

离开青年发展的社会，难以发展。离开社会的青年，也将缺失发展的土壤。必须强调，我们青年的成长发展离不开社会，也不能离开社会。在漫漫征途中，青年与社会的关系是非常紧密的，我们必须把握这一关系，结合青年发展的实际需求，联系青年、服务青年、引导青年、发展青年，最终成就青年。

聚焦"青年社会融入和社会参与"这一领域，各地的中长期青年发展规划都明确规划了发展目标，其中有的地方提出，青年更加主动、自信地适应社会、融入社会;青年社会参与的渠道和方式进一步丰富和畅通,实现积极有序、理性合法参与;共青团、青联、学联组织在促进青年社会融入和社会参与中的主导作用充分发挥,带动各类青年组织在促进青年有序社会参与中发挥积极作用。

帮助青年成长发展,攸关我们党和国家的前途命运。作为新时代的青年,也必须要更加主动、自信、积极地适应社会、融入社会,我们要帮助推动青年社会融入和社会参与。唯有如此,我们的青年才能成为社会发展的重要力量,才能成为中华民族伟大复兴的坚实力量,才能成为我们党和国家迎接一个又一个胜利的重要保障。

青年的发展离不开组织,我们要健全党领导下的以共青团为主导的青年组织体系。培养社会主义建设者和接班人是我们当下青年工作的根本任务,是青年发展的重要目标,我们要引导广大青年自觉为共产主义远大理想和中国特色社会主义共同理想而奋斗。当前,健全党领导下的以共青团为主导的青年组织体系,正是我们做好青年工作的主要抓手,是我们在青年群体中凝心聚力的重要武器,是我们压实政治责任,巩固和扩大党执政的青年群众基础的重要联系。

为把最大多数的青年紧紧凝聚在党的周围,我们要以习近平新时代中国特色社会主义思想为统领,进一步凸显共青团作为党的助手和后备军的作用,充分发挥青联在爱国主义、社会主义旗帜下广泛团结各界青年的功能,强化学联学生会组织自我教育、自我管理、自我服务和自我监督职能,发展培育青年社团,加强对各行各业青年的凝聚和服务。

青年的发展离不开舞台,我们要为青年参与政治生活和社会公共事务提供渠道。为实现中华民族伟大复兴的中国梦而奋斗,是当代中国青年运动的时代主题。广大青年既是追梦者,也是圆梦人,我们要为青年提供实现人生梦想的舞台,要搭建一个让青年敢于有梦、勇于追梦、勤于圆梦的环境，要让当代青年在实现中国梦的生动实践中放飞青春梦想，在为人民利益的不懈奋斗中书写人生华章。

引领青年有序参与政治生活和社会公共事务，就是让青年参与追梦的过程。我们要培养青年的"主人翁"意识，要让青年主动自信积极地融入社会，参与社会事务。对此，我们要支持共青团、青联代表并带领青年积极参与人大、政府、政协、司法机关、社会有关方面各类协商，要为青年的诉求和建议提供渠道，凝聚青年共识，满足青年的发展需要，帮助青年在实践中提高政治参与能力。

青年的发展要同社会的发展形成共鸣，我们要组织动员青年服务中心大局。青年的发展要走实道路，要在时代的发展中贡献自己的力量，要将自己的前途命运同国家社会的事业相融，要在努力建设社会的舞台中央绽放青春的姿态，要在参与国家发展的进程中体悟个人的光荣使命与伟大责任。

毫无疑问，我们要把围绕中心、服务大局作为工作主线，我们必须广泛组织动员广大青年在深化改革开放、促进经济社会发展中充分发挥生力军作用。尤其在脱贫攻坚、乡村振兴、生态环境保护方面，我们要充分发挥青年企业家、青年科技工作者、青年致富带头人、青年志愿者等群体的作用，为贫困地区、农村地区改善区域发展环境，促进经济社会发展提供资金、人才、技术、管理等支持。社会发展的多方面都需要青年的支持，根据社会不同的需求，不同群体不同特色的青年都可以大有作为。

青年要发展，一定要团结。社会是一个有机整体，但在这个整体之下还存在许多细化的青年群体。由于工作性质的区别，不同领域的青年在客观上缺乏直接深入交流融合的平台，缺乏沟通缺乏理解的青年之间势必存在共识障碍，不利于我们党和国家的发展。我们必须打破青年群体间的壁障，增进不同青年群体的交流融合，为凝聚青年共识创造更多条件，推动不同阶层、不同领域青年群体进行经常性对话交流，增进理解、认同和包容。我们尤其要强调发挥共青团、青联组织的优势，联系青年、服务青年、引导青年、发展青年，团结带领广大青年参与社会建设，真正做到代表广大青年、赢得广大青年、依靠广大青年。

提供法律援助保障青少年合法权益

（2019年4月17日）

　　伟大的新时代，召唤堪当大任的新青年。我们要辩证看待伟大新时代的发展同个人命运发展的关系，要准确把握个人在时代中的定位，更要准确把握"我们要做什么"这个时代命题。伟大的时代，需要广大青年凝心聚力共奋斗。倘若我们不能为广大青少年的成长提供保护，不能为广大青少年的发展提供保障，那么，我们又如何确保广大青年能够有力前行？我们又如何保证我们的青年一代能够担当起"实现中华民族伟大复兴中国梦"这一使命？

　　社会是由千千万万的个体组成的，个体如何，社会就如何。我们在看到青年的历史使命和时代担当的时候，我们也要辩证客观地看待青年的成长发展问题。任何青年的成长发展都是有规律的，是有阶段的，不可能是天生就什么都懂、什么都会，包括对自身的认识和觉悟也需要时间的沉淀。尤其在青少年时期，青少年的意识培养和权益保护至关重要。因为在这个时期，他们就像一张铺开的白纸，我们必须当好护航人，勿让其被污染。

　　一个文明法治进步的社会，必然重视维护青少年发展权益。只有让青少年健康放心地长大，他们才能担起时代的大任。各地的中长期青年发展规划便定下了明确的发展目标，有的地方明确要求：青少年权益维护的法律法规和政策得到全面贯彻实施；青少年权益维护的工作体系和工作机制更加健全，发展权益得到切实维护；侵害青少年发展权益的行为受到有效打击和遏制。

辩证看待青少年这一人生重要时期，尤其在 14 周岁至 21 周岁这样一个阶段，青少年的权益保护要得到重视。其中，青少年遭遇性侵害问题是全球普遍存在的一个问题，也是当前社会普遍关心和重视的一个问题。社会人员诱骗、胁迫未成年女学生并实施侵害的案件，有多少？在恋爱追求过程中，由于遭到拒绝，一方对另一方的恶意中伤和诽谤，甚至是引发暴力伤害和性侵的情况，是否存在？诸如此类的问题有不少，受害者的权益该如何维护？

媒体曾报道一组数据：2018 年 1 至 10 月，南方某设区市已发生幼儿园、学校和校外培训机构的从业人员强奸、强制猥亵、猥亵儿童等性侵未成年人犯罪案件 14 宗，14 名教师和工勤人员对 21 名未成年人（女性）实施性侵。相较 2019 年全年，发案数上升 55%，受害未成年人人数上升 75%。

面对社会现实和案例，我们必须为青少年提供法律服务和援助，尤其要加大力度保护女性的合法权益。我们必须正视，青少年遭受性侵害后，维权的艰辛，心理的创伤，周遭的非议，都会加重受害者承受的痛苦。同时，侵害青少年权益的违法犯罪行为不止于此，诸如校园欺凌和暴力事件、拐卖和虐待事件，还有涉及青少年的毒品违法犯罪活动，等等。维护青少年发展权益，不能对青少年可能遭受的一切违法犯罪行为视而不见，要尽量给予全视角无死角的保护。

时代孕育许多机遇，也可能带来许多新的不确定的危险。坚持底线，我们要依法打击侵害青少年权益的行为。近些年出现的非法校园贷、非法培训贷、非法套路贷等问题，专门针对青少年群体设下"陷阱"，直接对青少年的权益造成了侵害。金钱上的损失，身体上的侵害，精神上的折磨，无不在深度痛击和扼杀青少年的成长发展。对于社会阅历并不丰富的青少年，初遇此类事件时，慌张和茫然是正常的，他们最需要的便是专业的法律服务，需要我们为他们提供帮助。

青少年发展权益面临的现实困难和突出问题，应推进解决。我们应当健全青少年权益保护机制，完善法律援助工作网络，鼓励和支持法律服务机构、社会组织、事业单位等依法为未成年人提供公益性法律服务和援助。在全面贯彻实施有关青少年发展的法律法规之时，要进一步完善青少年权益维护地方性法规和政策，要在教育、卫生、刑事诉讼、就业创业、社会保障等领域，为青少年权益保驾护航。

站在青少年的角度考虑问题，要为青少年面临的突出问题做减法。法律服务和援助是青少年发展中必要的保障，但是，我们不仅要践行司法的公平正义，还要多方面关注青少年的情感观念和性格。青少年发展权益面临的一大突出问题就是心理健康问题，对于权益被侵害的青少年而言，如何弥补心理的伤害也应得到关注。此外，伴随成长的道路，一些青少年遭受的不好际遇也可能在其心中埋下一个"隐患"，导致其情感观念及性格的扭曲，对自己对他人都可能造成新的伤害。

保护青少年发展权益，引导青少年心理健康成长，我们要广泛开展青少年生命教育，引导青年尊重生命、热爱生活。每一个人都有自己的压力，来自学习的压力，来自工作的压力，来自社交环境的压力，来自社会周遭的压力，等等。不同的是有的人化压力为动力，而有的人则被压力打败且备受折磨。我们都无法保证我们不会遇到挫折和困难，我们也无法保证我们都能解决自己所遇到的困难，可是我们可以改变的是心态。唯有对生活足够热爱，我们才能化所有负面不堪的情绪为力量，推动我们积极向上前进。然而，让青少年形成一种好的心态和生活观念，很多时候需要的正是来自我们社会的集体努力。我们要为有需要的青少年提供援助，我们更要主动介入和干预，去为广大青少年守护这个事关成长发展的"宝盒"。

拥抱美好生活预防青少年违法犯罪

(2019年4月18日)

广大青少年要承起时代的赞誉，必要有承重之力，这不可能是两三天就能等来的，而应是在我们的长期努力和帮助下一道见证的。青少年是祖国的未来，我们就要亲身去描绘这个未来；青少年是民族的希望，我们就要共同去守护这个希望。

抛离宏大叙述，作为独立个体的我们，只要做好自己，远离罪恶，做一个堂堂正正大写的"人"，就是对这个社会的一种贡献，也是对这个时代的一种交代。关注当下，青少年违法犯罪行为亟须解决，如若我们不能有效地限制和阻止青少年违法犯罪趋势，对于我们这个社会而言，是一个重大隐患。无法管住自己的恶，便是对社会的一种恶，又如何对其寄托希望？

预防青少年违法犯罪不是现今才关注的领域，但我们在新的历史条件下，要有更深刻的认识和措施。基于此，各地的中长期青年发展规划提出了明确的发展目标，比如，青少年法治宣传教育常态化、全覆盖，青少年法治观念和法治意识不断增强，成长环境进一步净化；形成比较完善的重点青少年群体服务管理和预防犯罪工作格局，建立针对有严重不良行为和涉罪青少年进行教育矫治的有效机制，使青少年涉案涉罪数据逐步下降。

青少年违法犯罪行为历来就是一个社会难题，摆在我们眼前的这道难题不解决，青少年的成长健康就有障碍。当前的青少年违法犯罪行为到底是一个什么情况其实很难说清，当吸毒、盗窃、抢劫、性侵害、故意伤害、致人死亡等行为成了青少年违法犯罪行为的标签时，我们不仅应该反思，更应有紧迫感。《2017年中国毒品形势报告》就显示：截至2017年底，全国现有吸毒人员255.3万名（不含戒断三年未发现复吸人数、死亡人数和离境人数），同比增长1.9%，增幅较2016年下降5个百分点。其中，不满18岁1.5万名，占0.6%；18岁至35岁141.9万名，占55.6%；36岁至59岁109.9万名，占43%。

对青少年违法犯罪行为，应以预防为主，避免发生的可能性，而不是纯粹地以惩罚为主。有一些青少年踩踏了法律的底线，但并非无可救药，社会对他们不应全盘否定和放弃。很多时候，一些青少年的违法行为是受到了环境影响，我们要依法严厉打击教唆、胁迫、诱骗、利用青少年实施违法犯罪的行为，清理和整治社会文化环境，加大"扫黄打非"工作力度，持续开展专项整治行动，清理网络涉毒、淫秽色情及低俗信息，优化青少年成长环境。

如果将社会时代的进步发展看成是一台庞大机器的运转，那么人一定是最重要的一环，青少年有可能成为那个"薄弱"之处。如果青少年没有法律道德观念，不受约束，肆无忌惮，那么社会这台机器又该成为什么样子？又会朝着什么方向运转？我们这个时代又如何迎接辉煌的明天？

现实有很多面，让人愤怒让人悲恨的各类事件也是现实的一面。2011年3月，广东省一名刚满14岁的少年因害怕母亲向父亲告发其偷偷抽烟之事，残忍将母亲和妹妹杀害，并伪造成入室抢劫的假象。2012年2月，河南省一名17岁的青少年为摆脱学习压力，在家中亲手杀死了自己的母亲。2016年6月，四川省一名13岁少年为抢劫手机将汽油泼向素不相识的女教师，纵火致对方烧成特重度烧伤。2016

年 9 月，山东省一名 17 岁青少年用斧头杀死了母亲，并将母亲的尸体埋在自家院子里的鸡圈下。2017 年 12 月，因怨恨母亲管教过严，四川省一名 13 岁少年在家中持刀杀害了母亲。2018 年 12 月，因家庭纠纷，湖南省一名 13 岁少年用锤子先后将其母亲、父亲锤伤致死……

"我又没杀别人，我杀的是我妈妈"，这样一句话出自一名 12 岁的少年之口，他因不满母亲管教太严持刀将母亲砍死。我们如何指望这样的年轻人能够担起历史大任？我们又如何指望这样的年轻人明白社会大义？我们不知道未来的哪一天，这些曾经做出令人发指之事的青少年能否真正醒悟，但我知道，假使我们什么都不做，那么一定都不会有改变。

为了有效预防和减少青少年违法犯罪，我们一定要从源头上防范。我们要督促家长正确履行教育监护职责，抓实青少年心理健康教育，重视关心特殊家庭未成年子女的成长问题。我们要加强法治宣传教育，在青少年中广泛开展法治宣传教育，使青少年明确基本的法律底线和行为边界。我们要深化重点青少年群体服务管理工作，加强有不良行为青少年专门教育，帮助重点青少年群体更好融入社会。

不辜负这个伟大的时代，广大青少年首先就不能辜负自己，一定要把脚下的路走正。在这个时代，我们每一个人都拥有同等的机遇，拥抱美好的生活一定要靠双手去打拼，一定要脚踏实地一步一步地走，我们要饱含热情地去爱生活、善待他人。对于青少年而言，成长发展的过程不是顺风顺水的，而是一个漫长的且充满很多煎熬的过程。我们要帮助广大青少年形成正确的价值观，引导广大青少年增强责任意识，去积极面对遇到的困难和挑战。任何时候，我们做青年工作都不能忘记对广大青少年的教育，我们要给他们提供这股正能量，继而转化为他们自身的正能量。

覆盖保障需求破解特殊青年困难

（2019年4月19日）

　　一个伟大的时代，会给予每一个人充分的希望，会让我们找到属于自己的力量。对于广大青年而言，这是一个非常重要的讯号，也是青年找到时代方位的关键。我们的时代要让青年感觉有希望，青年的心中才会有阳光、脚下才会有力量。社会保障不仅是维系社会公平的一杆秤，也是给予广大青年希望、为这个社会提供安全感的重要力量。

　　青年所面临的未来，是一个充满无限可能、备受期待的世界。同样的，青年也将面临许多艰巨复杂的困难，这是必须正视的问题。实现"两个一百年"奋斗目标、实现中华民族伟大复兴的中国梦，青年是今天的生力军、明天的主力军。如果我们不能帮助青年推开挡在路途中的巨石，那么青年的前行必然遭遇关键性的挫败。这不只是个别青年人生的失败，最后也会深深影响这个时代。

　　保障青年的急迫需求，提升青年在这个时代的获得感，能够凝聚广大青年对社会的认同感。对于很多青年而言，缺乏社会保障及社会保障不到位，都会使青年的许多需求得不到满足，阻碍青年的发展。相反，如果我们的社会为青年的发展提供多方面的服务保障，让青年时时刻刻感受到我们党和国家的关心，也会更加坚定青年报效国家、投身社会建设的决心。各地的中长期青年发展规划便专门将"青年社会保障"领域纳入规划，并定下了发展目标，比如，社会保障体系充分覆盖青年急需的保障需求,并在各类青年群体之间逐步实现均等化。

青年最缺乏的就是时间,最不缺乏的也是时间。我们的青年缺乏的是成长成才的时间,但是不缺乏试错历练的时间。倘若广大青年不能从时代中获取力量,或者说我们这个时代不能为青年的发展提供保障,那么青年的这种"时间"就将遇到最大的挑战——不成其功反成其累,青年的未来极大可能会半途夭亡。

谈到对青年的社会保障,我们就要关切青年实际和基本需求,要发挥托底搭台的作用。经过深入调研和专门论证,有的地方在中长期青年发展规划"青年社会保障"这一领域,还是把重点落到了特殊青年群体的真实需求上,并将"加强对残疾青年的关心关爱和扶持保障"和"加强青年社会救助工作"作为两点发展措施,以配合支持发展目标的实现。

斗转星移、岁月更替,伟大的新时代不会抛弃每一个有志青年,必须要为有志青年提供社会保障。身体的残疾可能由于先天或是后天的一些原因所致,但是心灵的健全却远比我们的肉躯更加强大,也能经受更大的磨难。只要心向阳光,坚定信仰,残疾青年依旧能够绽放时代的光彩,为我们带来更加澎湃的感动和力量。从体育赛场到学校课堂,从科学大厦到文学宝殿,我们能够看到许多身残志坚突破小小身躯迸发蓬勃力量的榜样。他们的存在,也是人的一种内在力量的体现,即突破限制、超越限制的伟大。我们应当为更多的残疾青年去挖掘去开发这股力量,前提是我们得先保障他们的生活足以支持发展的需求,比如健全完善残疾青年教育、医疗、就业等方面的服务保障政策,进一步提高保障水平和服务能力。

奋斗在这个新时代,我们要对广大青年负责,要让他们敢梦、敢想、敢拼,真正将这个时代作为自己奋斗的舞台。让青年对社会更认同,社会就要对青年更多关心和照顾。规划青年的发展,不能脱离青年发展中的紧迫需求。流浪未成年人、农村留守儿童、进城务工青年等，他们面临的就学、就业、就医、居住、生活等方面的困难，恰恰是青年发展的核心需求，关系特殊青年的发展根本。此外，还有心理、健康、技能等方面存在的问题，也使得这些青年在更好融入社会、参与社会建设过程中，充满艰辛。加强青年社会救助工作，让他们尽早回归家庭、回归学校、回归社会，让他们感受到社会的温暖，让他们从社会救助中获得支持自身发展的能量，这是对他们负责，也是对我们这个时代负责。

从历史发展的角度来看，青年的地位固然重要，但是这样一批14至35周岁的同志依旧是属于青年这样一个年轻群体，便也很难摆脱处在这个人生阶段的许多问题。其实在很多时候，青年就像一小簇微弱的火焰，在一望无垠的黑夜下、原野里，他们会彷徨、会慌张、会迷惑，随时都有熄灭的危险。身处这个阶段的青年，其实很难单纯地通过自身的努力从周遭环境里汲取正能量，这个时候总得有一种指引为我们的青年点亮前途。我们要让青年们相信，他们绝对不是社会的边缘人，他们是这个社会的主人。

生活是自己的，但我们个人的生活不是完全独立于其他个体的，而是定然会有交集、会有羁绊的。人们都坚信自己就是人生的主人，可是这不代表我们就可以排拒他人的好意，不代表我们不需要他人的支持帮助，尤其在青年这个时期，广大青年很需要"引路人"的存在。毕竟，任何措施都是由人去推动的。制定政策的是人，推动政策的是人，落实政策的还是人。所谓"事在人为"，我们要主动担当，做好青年工作，提供社会保障充分覆盖青年急需的保障需求，当好青年人生道路上的这个"引路人"。

育英观语

· 上游之志 ·

谈政时言

世俗见论

杂说相音

九三大阅兵是在向英雄致敬

（2015年8月24日）

9月3日，在北京天安门广场，将举行中国人民抗日战争暨世界反法西斯胜利70周年阅兵。在这次阅兵中将首次出现烈士后代的身影，这不仅是英雄血脉的延续，更是英雄精神的传承。因而，我倒是觉得这场献给历史的"大阅兵"也是在向我们的抗战老兵致敬。

老兵，是一个时代的记忆，是一段历史的见证，是新中国从血与火中崛起的亲历者。阅兵，虽是一种仪式，却震撼在我们心头。我们可以继续把那份老兵的情怀传承下去，保家卫国！

1937年7月7日，卢沟桥事变，日本发动全面侵华战争。1945年8月15日，日本向第二次世界大战同盟国投降。八年时间，中国大地，硝烟升起，山河破碎，家园不再，亲人别离，饱受灾难，是伤感，是愁苦，更是如鲠在喉的疼痛。这个时候，英雄儿女，为了祖国，投身战争。在前线，在敌后，我们的战士、我们的先辈冒着生命的危险，在炮火与枪弹中奋勇前进，一具身躯倒下了，又有一具身躯挺直腰杆向前，终于铺出了一条走向光明的路。

八年的艰苦战斗，迎来了抗日战争的最终胜利，中国军民伤亡3600万人，其中军队伤亡380万人。这是何等残忍的数字，无辜的同胞遭受磨难，无数的先辈再也回不来了。再回首，离战争声起，已经过去了七十八个年头。年轻的战士老了，成了老兵，但那段历史的荣耀不会老去，那些为了国家大义、为了历史传承的英雄，那场全民族团结抗争的胜利不会被人遗忘。

我们要记住，现在的中国是无数先辈用生命拼来的，我们必须守护下去，努力保护今天这得来不易的和平。可是，享受和平的安逸或许让人忘记了在那最困难的时刻，我们的老兵咬着牙走过历史风雨的煎熬。我们是否应该让心灵安静片刻，保持肃穆，向着过往那庄严的史诗般的故事，献上我们的敬礼？问问我们的孩子，问问我们的同伴，你知道老兵的模样吗？那是国旗的样子！

我难以想象当年战争的惨烈，毕竟不曾经历那真实的鲜血淋漓的战场，只能从电视、从书籍、从老兵的口述中，看到或听到那些关于胜利背后不为人知的凄惨与悲恸。可就是这样，大概也不能完全还原过去的艰难。毕竟，未登临过泰山何曾"一览众山小"，未身游过深渊岂能尽知无底洞？面对老兵，在抗日战争胜利七十周年之际，我们不能忘记他们是历史的良心，也是我们的良心。

战士们壮烈的牺牲，一串串数字背后是一个个人名，每个家庭都遭受了亲故分离的痛殇。如何看待这些？我们毕竟是和平年代成长起来的青年，我们的肩上毕竟不曾切切实实承载那份国家重任，但我们应该学会缅怀，记住历史的钟声，问候那些老兵，问候我们的先辈！所以，请怀着敬意，向老兵致敬吧！朋友，捧起一抔你脚边的泥土，里面夹杂了血与泪，并不是你手上之轻。

当前，仍然健在的抗战老兵不多了，随着岁月的侵扰，曾经的英雄也渐渐隐去了光华，消失在我们的视野。他们消失了，却依然留下了足迹，循着那些足迹，我们依然能够找到他们。

2015年的9月3日，并不是一场致敬英雄的谢幕，而是拉开了寻找英雄的大幕。英雄的历史应该被铭记，但纪念不是终点。寻找老兵，寻找老兵的故事，寻找故事里让我们感动的情节，寻找那些我们只能想象，恐怕这辈子都不会经历的点点滴滴。最后，这些都将汇成一条河流，向着我们，以及我们后辈的心中涌去。

我们应该虔诚地感恩，我们应该牢牢地记住，我们当前的大好环境，除了我们自己的奋斗和努力，也离不开七十年前那场旷日持久的战争的最终胜利。扪心自问，是谁用生命的烈火为我们点燃照耀前途的火炬？

过去的孩子已经长大，一身戎装，正步，敬礼，坚毅的目光向着远方。七十年前，我们的先辈看到的也是同一片天空！我们的今天，正是无数的先辈期盼的明天，正是他们用生命与青春守护的明天。

英雄指引历史　希望照耀民族

（2015年9月8日）

一个有希望的民族不能没有英雄，一个有前途的国家不能没有先锋。包括抗战英雄在内的一切民族英雄，都是中华民族的脊梁，他们的事迹和精神都是激励我们前行的强大力量。

——习近平在颁发"中国人民抗日战争胜利70周年"纪念章仪式上的讲话

我们的希望在哪里？经济繁荣，军事强大，文化兴盛，整个社会呈现一片盛世复兴的景象，这样的国家不能说其没有希望，而是处处都种下了希望的种子。可我依然要问，我们的希望在哪里？我并不是要具体到某一个事情或者某一种境遇，而是从全民族的角度提出的这一问题。如果我们不知道我们的希望在哪里，如果我们不知道我们今天的美好生活是如何来的，那么终有一天，诞生希望的圣火会熄灭，创造未来的种子会枯死，我们的美好生活会逝去。

如果我们的民族需要一个精神标杆去指引未来，去创造无限可能，那么我们的希望就在那些英雄的身上。其中，最应该被我们铭记的正是过去的那些抗战英雄，那些为了中华民族崛起，为了中华民族摆脱耻辱，为了中华摆脱压迫，奋不顾身站起来战斗的抗战英雄。之所以说他们是我们的英雄，是因为他们的事迹和精神能够激发我们血与骨里最纯粹的民族性，使得我们对自己的民族，对自己的国家，对自己生活的这片土地的历史，有着深刻的强烈的认同感。

凝聚共识能够加强国民对自己身份属性的认同。要是我们对国家的制度，对政府的合法性，都不认可或者存疑，只是认为自己是需要被服务的对象，并不认为我们应该向我们的国家负责，那么社会的共识又从何而来？我们需要平等的对话，我们需要坦诚的交流，我们更需要发自内心对这个国家的热爱。不然，一个根本就不爱自己国家的人，就因为他的一个公民身份就一再强调自己应该被这个国家保护，应该从这个国家获得什么，政府应该向他们作出一些妥协，这合理吗？这科学吗？这符合道义的思维价值吗？

抗战英雄是全民族的英雄，是中国历史的英雄，这就是基本的共识。凡是试图打破这一共识，企图颠覆这一常识，并且进一步妖魔化我们的英雄的人，就是那一类披着中国人的外衣却无中国心的贪得无厌的索取者。为什么我们要强调向英雄学习，是因为多了这些不愿意向英雄学习，且希望毁掉我们的英雄的破坏者。

我们的英雄身上展现了"天下兴亡、匹夫有责"的爱国情怀，展现了视死如归、宁死不屈的民族气节，展现了不畏强暴、血战到底的英雄气概，展现了百折不挠、坚忍不拔的必胜信念。摧毁我们的英雄，等于摧毁我们的爱国情怀，偷走我们的民族气节，挖掉我们的英雄气概，击垮我们的必胜信念。到时，我们又从哪里获得希望？你又如何在社会中看到希望？

没有英雄的民族，我们便失去了挺立身躯的脊梁。别人站着攻击你的时候，你只能趴着。别人坐着嘲讽你的时候，你也只能趴着。别人从你身上踏过的时候，你还是只能趴着。一个又一个脚印，屈辱而沉重，都是踩在我们民族的尊严之上。没有了英雄，我们也就没了那些自豪，走路只能低着头，因为你是一个来自贫弱民族的人。于是不禁要问，我们应不应该宣传我们的英雄，我们应不应该传播英雄的榜样精神？

中国，是一个有情怀的国度。别人要获得利益，可能会从其他人那里拿到本不属于他们的利益。我们呢？想想那些14年里反抗日本军国主义侵略者的默默无闻的勇士，我们从不侵略，我们从不掠夺，我们从不贪婪，我们只是为了守护我们的国家，我们只是为了保护我们的亲朋，才被迫地反抗与战斗。一个品性温良的民族，哪怕在最困难的时候也保持了可贵的温良，这就是我们民族的品质，也是我们的英雄交给我们的宝藏。

在实现中华民族伟大复兴的道路上，习近平总书记曾经说过：实现我们的目标，需要英雄，需要英雄精神。我们要铭记一切为中华民族和中国人民作出贡献的英雄们，崇尚英雄，捍卫英雄，学习英雄，关爱英雄。

毋庸置疑，一个有希望的民族不能没有英雄，一个诞生英雄的民族不能亏待英雄。崇尚英雄，捍卫英雄，学习英雄，关爱英雄，是我们这些蒙受英雄恩泽的后人应该自觉履行的责任。每一位英雄都是历史的亲历者，都是中国记忆的见证者，都是我们民族的宝贵财富，他们将指引我们走向正确的历史，带我们领略深沉的过往，使我们更加了解自己的祖国。更重要的是，英雄们的事迹将开启青年朋友的爱国大门，让我们广大的青年同胞真正明白"中国人"的辛酸与苦难、"中国人"的不屈与强大、"中国人"的骄傲与荣耀，更会激发我们的赤诚情怀，播撒希望的雨露。

正义不能向历史虚无主义低头

（2015年12月23日）

捍卫历史，是生活在这片土地上，享受着和平曙光的我们应该坚守的责任。

捍卫英雄，是生活在这片土地上，能够为着心中之梦向前奔跑的我们应该履行的义务。

捍卫正义，是生活在这片土地上，有着同胞情怀并且践行社会主流价值观的我们应该担当的大任。

捍卫良知，是生活在这片土地上，仍然未沦落为野兽鸟禽、未沦落为奸邪蝗蛆的我们应该紧握在胸的原则。

可能是时间太过久远，久远到我们可以忘记自己的历史，忘记自己的英雄，忘记自己的正义，忘记自己的良知。然后呢？你所能看到的是一群人对历史的抹黑，对英雄的污蔑，对正义的曲解，对良知的否认。

是的。你所能看到的就是这样一群人，他们大肆传播历史虚无主义，他们想要破坏我们的历史精神，他们想要破坏我们的英雄形象，他们想要破坏我们的正义价值，他们想要破坏我们的良知观念。最后，"破碎"的我们成了他们最"得意扬扬"的胜利品和失败品。

历史虚无主义太嚣张了，也太放肆了！就像毒虫猛兽飞过之处的满目狼藉，我们看到的是意识形态上的大对冲，我们感受到的是思想价值上的大矛盾，我们触碰到的是人生观念上的大分歧。

我们中的一些朋友，在虚无的历史面前踌躇了，在肮脏的虚无主义面前臣服了，他们开始怀疑自己所相信的这个国家了，他们开始相信自己所厌恶的那些"真相"了。他们跳出了我们最应该自信，最应该自豪的历史，变得痛苦了、阴暗了，情绪复杂了。

不从毁灭中反思，终究要走向毁灭。不能看到我们曾经那段苦难历史中的英雄大义和涅槃重生的民族精神，我们终究会再遭遇一次磨难，会再一次走向毁灭的危机，会再一次唏嘘呜呼，哀哉！哀哉！

历史虚无主义有很多种表现方式，其中最主要的是对历史主次的"有意为之"。比如，否认古代名家诗人的才情与胸怀，而把注意力放到他们的风流趣事，如和哪家的青楼女子有什么故事，又与哪些大家闺秀和小家碧玉有过什么交集，全然聚焦不到其最应该被关注的才情与家国情怀。这就是通过调侃历史从而达到"虚无历史"的一种办法。

有一段时间，歪曲历史，抹黑邱少云、狼牙山五壮士、刘胡兰等民族英雄的言论甚嚣尘上。一些人以研究历史之名，以所谓的史料差异为由，大肆传播历史虚无主义，招致广大网友的激烈反对和批评。其中不乏闹上法庭的情况，人民法院最终坚持"法治"精神，给予了我们一个正确的答案。

我们庆幸的是，法律维护了正义，守住了我们的良知，为我们的历史和我们的英雄正名，并没有向历史虚无主义低头。这也在告诫那些企图颠覆历史、丑化我们民族英雄的人们，社会的共识并未消失，我们捍卫历史、捍卫英雄的决心也并未减弱。无论是多么艰难的情况，我们也绝不会舍弃我们的历史、我们的英雄、我们的正义、我们的良知！

与民族共命运　与人民同呼吸

（2016年6月15日）

执政党与国家应该是什么关系？在中国，这是命运共同体的阐述，不是简单的统治与被统治、领导与被领导的问题，而是对人民幸福、国家命运、政党发展一体进程的考验，它们之间是不能割裂、不能对立的，它们是共同进步和成长的关系。

从1921年中国共产党成立至今，已经过去了95年。这段时间，中国共产党已经从成立时50多名党员的"小党"成长到现在近9000万名党员的"超级大党"，带领中国从"颤颤巍巍"的风雨中一步一个脚印到现在抵着国际浪潮渐走渐强，带领中国从国内经济社会一穷二白到现在对世界经济增长贡献率连续几年超过25%，中国整个社会都发生了深刻的变革。中国共产党再也不是一个稚嫩的弱小的政党，而是越发成熟和强大的执政党，这也叫"中国自信"。

在中国共产党的领导下，中国社会各界齐心协力，经济、科学、教育、文化、卫生等领域有了巨大进步，创造了许多辉煌的成绩，镌刻在历史的桥廊上。这一路走来，一代又一代的先辈前人为我们今日的美好时代奉献了青春，付出了努力。他们都是无名的英雄，他们都是历史的灯塔，为我们点亮今日的脚下之路，为我们把阳光照进明日的春天里。

今日之中国，离不开"信仰"两个字。因为我们心中有无比坚定的信念，我们仰望星辰大海，怀揣抱负，所以我们追逐梦想前行。每一位党员，都是一颗钉子，敲打铁板的声音响起来了，我们也终于等到了中国这艘航空母舰下海的时候。再苦再累的日子都熬过去了，春天种下的"希望"就要收获成果了。在取得关键胜利之后，我们已经到了全面决胜阶段，我们必须砥砺前行，再接再厉！

今日之中国，离不开"担当"两个字。时代呼唤使命，每一代人都有自己的责任，前方都有等待我们去完成的任务。我们的肩膀上背负的历史使命无比深沉，终究是要传承下去的。我们这一代人接过了前人的交接棒，就要真正把"担当"落到骨子里、融到血脉里，要对得起我们的前辈和后辈，不能让"火焰"熄灭，不能让荣耀洒溅。坚定信仰，笃实前行，方可踏出一条硬实的路来！

今日之中国，离不开"务实"两个字。中国人历来都是勤劳朴实、不畏艰难的，没有这般纯真"炉火"的品质，又哪有勇往直前的闯劲？很多共产党员都充分展现了这种精神，以百姓福祉为目标，以服务人民为宗旨，以国家命运为大义，心系社会发展，埋头苦干一辈子都是为了国家和人民。党性与人民性是相互统一的，要走好群众路线，党员领导干部定要为百姓多办几件大实事！

没有中国共产党，就没有今日之"新中国"。没有中国共产党，我们也不可能像今日这般在遭遇近代历史阵痛之后，如此之近地感受到中华民族伟大复兴的磅礴力量。

回溯历史，中国共产党与中国一直风雨同舟，相伴而行。从来没有哪一个国家，会有一个政党像中国共产党这样在国家发展进程中拥有如此之高的历史地位和重要作用，不仅与整个中华民族的命运休戚与共，也与亿万中国人的命运同频共振。

感恩历史选择了中国共产党

（2016 年 6 月 30 日）

中国共产党成立 95 年了，中国面貌也有了翻天覆地的变化。如今的中国已不再是昨日之中国，曾经的积贫积弱早已不复存在，现在有的只是向上的热情和无畏前行的坚韧与毅力。

我们要知道，当前的社会主流是和平与发展，每个人都享受着温暖阳光带来的滋润。这一切的最大功劳者则非中国共产党莫属。中国共产党曾拯救中国于苦难的边缘，其历史功绩是不可被抹去的。

20 世纪初叶，中国可谓多灾多难，内有黑暗混乱统治，外有列强觊觎，有识之士奔走呼号。可是呐喊没有用，彷徨的依旧彷徨。现在的青年朋友是不曾经历新民主主义革命胜利之前的那段灰色岁月，也无法切身感受曾经的中国大地上流淌的是多么悲壮的一首"殇歌"。可是，哪怕是从历史的典籍里，从校园的课堂上，我们大抵也能知道那段历史岁月承受的耻辱与辛酸。

正如习近平总书记讲过的："我们的民族经历了一个多世纪列强侵略、战乱不止、社会动荡、人民流离失所的深重苦难。在那个国家积贫积弱的年代，多少怀抱科学救国、教育救国理想的人们报国无门，留下了深深的遗憾。"

历史的遗憾终结在"新中国"成立之时，中华民族的崛起则是从 1921 年中国共产党成立之初便已经有了预兆。如今，中国共产党更是带领中华民族走向全面伟大复兴的征程。试问,当时若没有了历史的这一"关键性"选择,日后的中国又如何能够破土新生?

"新中国"成立之后,中国共产党带领国家完成了脱胎换骨的蜕变,国家综合实力稳步提升,经济社会发展快速健康入轨,社会各领域都取得了举世瞩目的成绩,并在一些关键性技术上取得了重大突破。

物质条件达到了一定基础,我们的精神上更需要一股自信。我们要重新构建自己的话语体系,要让"道路自信"成为一种常态。不应忘记,走好我们的中国道路,中国共产党就是那个优秀的领头人、导航者。

以前,世界记住了中国的"陶瓷""茶叶""丝绸""字画",记住了中国的富庶和美丽。然而打开历史的"页面",在中国近代历史上,西方给中国带来了什么?来自西方的侵略步伐步步紧逼,压迫和屈辱,辛酸与苦累,历历在目。哀号遍野的国人,紧攥拳头的少年,立志拯救国家的先辈们把这"沉痛的过往"刻到了自己身体里,铭记在心上。

现在,世界记住了中国的"神舟飞船""'蛟龙号'载人潜水器""歼20""辽宁舰"……中国人早就摘掉了"东亚病夫"这顶"耻辱之帽"。落后就要挨打,历史没有再次扇我们耳光,我们也成功摆脱并且重新跻身强大国家之列。但是这还不够,我们还要更好,还要更强,还要更有作为。这也是中国共产党的责任和使命,是每一个中共党员的任务和目标。

同志们,你们可以问问自己,如果没有中国共产党,我们能迎来今日的美好局面吗?20世纪下半叶,在难以想象的艰苦条件下,中国仍旧顶着压力创造了"两弹一星"的辉煌伟业,令世人震惊。你们可知道,我们一直以来的骄傲和自信到底源于什么?

中国文明的传承没有断掉,中国式的奇迹还在不断上演。"中国自信"源于我们政权的强大凝聚力和包容力,源于中国共产党是"人民的党"这一特殊本质。

　　必须指出，中国共产党并没有辜负历史的重托，其不仅打破了中国历史上遭遇的"困局"，还让我们看到了如今强大的中国，更让我们面对未来可以有梦想、有希望、有憧憬！我们应当感恩，是历史选择了中国共产党，选择了中国远离山河破碎，选择了中国没有继续遭受战火的伤害，选择了中国可以抬头挺胸地屹立于世界！

95载风和雨，不应忘却走过的历程

（2016年7月3日）

中国共产党成立95周年了。95年很长，但也不长，可以改变很多，但有些不能改变。历史是前行的，但过往已经镶嵌在历史里，我们应当如何看待？尤其如何把握中国共产党同中国的关系？

习近平总书记强调，历史告诉我们，95年来，中国走过的历程，中国人民和中华民族走过的历程，是中国共产党和中国人民用鲜血、汗水、泪水写就的，充满着苦难和辉煌、曲折和胜利、付出和收获，这是中华民族发展史上不能忘却、不容否定的壮丽篇章，也是中国人民和中华民族继往开来、奋勇前进的现实基础。

万物总有根，无根之木是无法成长为参天大树的。中国共产党的根离不开曾经艰苦奋斗的那段历史。没有无数老一辈中国共产党人的舍生取义，没有以前那些先辈的英勇大义，就没有中国共产党从被动掌握主动、从幼小走向强大的今天，也没有中国摆脱战火纷扰、摆脱外敌侵略、摆脱贫穷落后的可能性和成功性。

忘记，等于舍弃。纪念，是为了更好地传承。

老一辈中国共产党人为了中华民族的传承，承载守护国土之任，冒着敌人的炮火，前进，前进，再前进！这是何种的担当与大无私？这是何等的付出与大奉献？

泰山崩于前，面不改色；雷霆击于身，岿然不动。老一辈中国共产党人追求革命理想、心系国家安危的赤子之心坚定不移,他们有铁一般的意志,他们有钢一般的觉悟,他们的优良品质体现的是中国共产党的优良传统,是历史赋予我们的宝贵财富,岂能忘记?

在这95年的岁月长河里,新民主主义革命取得了胜利,百废待兴的大地上诞生了"新中国"。每一个"五年计划"的战略目标都让中国的步伐迈得更稳更坚实,改革开放之后的中国又创造了许许多多的奇迹。如今到了历史的转折点,在全面建成小康社会的决胜阶段,我们的党员领导干部应当有觉悟,从历史中汲取精神养分,坚定理想信念,实干兴邦!

95年的长路,并不是一帆风顺的。这是壮丽的诗篇,这是宏大的故事,我们不能忘却、不能否定,这条路充满着苦难和辉煌、曲折和胜利、付出和收获。我们也要牢牢记住,我们现有的每一分成绩都是真实的,也都是接受了历史的荣光!

中国共产党在这片960多万平方公里的土地上,为近14亿人民带来的福祉是任何一个国家都无法比拟的。归根结底,中国共产党作为"人民的党"这一特殊本质没变,"全心全意为人民服务"的宗旨没变,"从人民群众中来,到人民群众中去"的路线没变。95年可以改变很多,但是改变不了建党时中国共产党人留下的"初心",作为继承者,年轻的中国共产党人始终不能忘记"为什么出发"!

承载纪念的力量是为了更好地前行

（2016年7月4日）

庆祝中国共产党成立95周年大会7月1日上午在北京人民大会堂隆重举行。习近平总书记在会上强调，我们党已经走过了95年的历程，但我们要永远保持建党时中国共产党人的奋斗精神，永远保持对人民的赤子之心。一切向前走，都不能忘记走过的路；走得再远、走到再光辉的未来，也不能忘记走过的过去，不能忘记为什么出发。面向未来，面对挑战，全党同志一定要不忘初心、继续前进。

95年了，中国共产党成立95年了。昔日的"红船"已经驶出了很远，井冈山的"红日"也已高高升起，延安的精神继续传承，继承红色基因的力量继续喷薄。可是，无论我们走得多远，无论我们飞得多高，无论我们的未来多么荣耀和辉煌，我们都不应忘记过去，都不应忘记过去的种种困难，我们要明白今日一切得来的不易，更要好好珍惜今日的成绩！

时代变了，从贫穷落后到富裕强大，从战乱不止到和平昌盛，从百姓流离失所到人们安居乐业，从社会动荡破败的绝望到民族伟大复兴的希望。中国的社会面貌发生了翻天覆地的变化，此外还有什么改变了？不得不说，我们变得更自信了，不仅是走好"中国道路"的自信，更是对中华民族涅槃重生的生命力的自信。

这一路走来，我们也有困惑，也曾迷茫，但是我们都挺过来了，再大的魔障和心障我们都克服了——"不忘初心，继续前进"正是最纯粹本真的指引。

95年的历程，在历史的大潮里并不漫长，但是对于任何一个政党来说都意味着极其深重的考验。我们的青年朋友或许觉察不到历史的残酷与苍白，或许对过往的血泪耻辱印象不深，可是不应忘记，中华民族绝不是什么温室里的民族，而是从艰难困苦的绝境中一次又一次顽强奋斗成长起来的伟大民族。勿忘初心，我们要永远保持那股奋斗精神！

中国共产党与中华民族的命运紧紧绑在一起，在历史中共同前行。肩负着"民族复兴"使命的中国共产党人并没有忘记过去，更没有忘记曾经走过的路。一次又一次的行进，都是在向历史致敬，我们这一代共产党人并没有辜负前辈的希望，并没有懈怠自身的责任！

回到历史的激流中，这95年走得着实不易。因为你不知道前途在何方，会遭遇什么挫折，会经历什么磨难，会承受什么苦楚……你不知道你是否能够在压力下继续前行，你不知道下一次咬紧牙关时是否还那么用力，你不知道你会在什么地方倒下又从什么地方站起……总之，在那样的烽火年代，我们老一辈中国共产党人看到的是"如果我们不站出来，我们的国家将分崩离析"的责任，因此，他们是断然不可能置身事外的。

天下兴亡，匹夫有责。先哲之教诲言犹在耳："士不可以不弘毅，任重而道远。"那些怀有大义之士，怎能熟视无睹？老一辈中国共产党人来自社会各阶层，在拯救国家和建设国家这一点上达成了共识，因国家民族命运而风雨与共，是中国共产党历史上的宝贵财富，我们又怎能忘记？铭记历史，是为了更好地提醒自己，要从曾经走过的路上汲取智慧。

长征精神将在时代共鸣中愈发闪耀

（2016年7月22日）

　　理想是指路明灯，更是坚定我们前行的力量。若没了信仰之光的照耀，在长征途中，荆棘怎可斩？万难怎可排？长征是心怀国家与民族安危的中国共产党在历史考验中的一次重要决定，长征精神是无数先辈在追逐中国梦的征途中涌现出的典型特征。历史是前进的，优秀的传统应当传承下去。红色基因、红色精神、红色力量都是中国共产党在长期的历史特殊时期孕育诞生的财富。

　　7月18日，习近平总书记到宁夏回族自治区考察。在参观三军会师纪念馆时，习近平总书记说，红军长征创造了中外历史的奇迹。革命理想高于天，不怕牺牲、排除万难去争取胜利，面对形形色色的敌人决一死战、克敌制胜，这些都是长征精神的内涵。我们要继承和弘扬好伟大的长征精神。有了这样的精神，没有什么克服不了的困难。我们完全有信心有决心有恒心实现中华民族伟大复兴的中国梦。

　　汲取长征精神的养分，利于我们走好、走实、走稳中国梦的道路，利于我们开创新时代迎接新未来。可是"长征"究竟是什么？80年过去了，还剩下什么？

　　80年，多少红尘滚滚散于历史？80年，多少英雄豪杰埋于黄土？80年，是一个时间概念，是否能敌得过时代更迭的变迁？我想是能的。因为在中国长征胜利80周年，我们的民族和国家都该回溯过往，认真看待这份历史的重托，透过空间的维度，望穿岁月长河的彼岸。不管是生命的咏叹，还是压抑的呐喊，我们都该问问自己，是谁为我们荡起了飞向梦想的双桨？是谁为我们今日的和平、稳定、繁荣、强大付出了青春与生命？

长征胜利80周年了，可是一开始，我们为什么要长征？你还记得吗？如果不长征，还有如今的中国共产党，还有如今的"中国"吗？胜利是可喜的，可是胜利的背后是血与泪，是苦与痛，是我们不能遗忘的艰难困苦。你可知道，有多少人离家，有多少人咬牙，他们迈步前行，却并不是那么轻松的。

80年过去了，"新中国"取代了"旧中国"。时代改变的东西太多了，我们不必再经受离家而行的孤独，不必再忍受山河破碎的痛苦，不必再承受战乱炮火的压力，因为那一切都已经离去。

看看过去，倘使现在要用一种自信者的姿态，不妨说一句"别了，旧中国"，因为一切恶和祸的苦难都已经被埋在了多年以前，就是被葬在了你脚下的这片土地。从中国共产党诞生，到长征胜利，再到抗日战争的胜利，我们的历史是英雄的诗歌，是不可亵渎不可舍弃的。

不知当时我们的先辈是否预料到今日的硕果成绩？他们或许没想到我们如今在世界上的大国地位，没想到我们的经济发展那么好，军事发展那么快，科技发展那么强，但是这一切都不重要了。至少当历史的交接棒传下来的时候，我想，他们应该是欣慰的，他们做得已经够多了，我们也是心怀感激的。

不知当时的先辈是否想过：如果多年以后，"我们"还能够记起那段岁月，那一决定，我们该是多么骄傲和自豪，这得是怎样的大毅力与大勇气，这得是多么伟大的大创举和大辉煌。现在，划过空间与历史的桥梁，无数的后辈们会告诉他们：我们为你们骄傲和自豪，长征的胜利是伟大而辉煌的。

你可能不了解,在长征途中,红军共进行了 380 余次战斗,攻占 700 多座县城,红军牺牲了营以上干部 430 余人,平均年龄不到 30 岁,共击溃国民党军数百个团,其间共经过 11 个省,翻越 18 座大山,跨过 24 条大河,走过荒草地,翻过雪山,行程约二万五千里。

当生命的《英雄进行曲》响起时,你最先想到的是谁?我想到的恰是那段历史中的先辈,那些无名的勇者,那些无私的义士。在中国长征胜利 80 周年之际,我想我们还可以做很多。时代有一种共鸣,不仅是缅怀,我们更要强大自己,为这个社会和国家作出更多的贡献。

写在长征胜利80周年，为长征精神献礼

（2016年7月29日）

长征胜利80周年了，对很多人来说这是好久远的一段时间。可是对于中国共产党来说，这却是永远不能遗忘的一段英雄岁月，长征有恢宏史诗般的荣耀，是我们获取生生不息的精神力量的重要历史记忆。

回首往昔，也许有很多人会问，曾经的那场胜利到如今还剩下什么？毕竟，物换星移，80年可以改变山川大河，80年可以改变城市格局，一眼80年，可以贫穷，也可以富有，总之可以改变的事物很多。可长征胜利当真就只是留在了过去吗？不得不自我发问一句，80年后的我们，应该如何看待长征精神？

"红军不怕远征难，万水千山只等闲"，若是让我总结长征精神，我最先想到的便是那不畏艰难险阻的勇气。在被动的弱势的不利环境下，在绝地想要逢生十分困难的条件下，由中国共产党领导的红军队伍踏上了人类历史上空前绝后的伟大长征之路，扭转了局势，盘活了大局，为中国共产党和中国的新生带来了机会。倘使我们没有这一份勇气，没有那种"会当凌绝顶，一览众山小"的胸襟，没有"车到山前必有路"的坚定信念，我们的长征还能成功吗？我不敢想象失败，因为如果失败了，改变的历史或许会继续痛苦着呻吟着。

回顾长征之路，四渡赤水、巧渡金沙江、强渡大渡河、翻越夹金山……我们前面的困难一点儿都不小，爬雪山，过草地，你能想象那

种艰苦的生活吗？可是我们的脚步不能停下，因为危险依旧存在，只能前进，前进，再前进！有些战士牺牲，有些战士流泪，比流血更令人痛苦和悲恸的正是战士的眼泪，挨子弹的时候他们不怕，在炮火中前行的时候他们不怕，可是他们依旧会流泪啊！他们会为牺牲的战友流泪，会为逝去的亲人流泪，会为遭难的百姓流泪，会为这片饱受摧残的土地流泪，会为心中还未实现的伟大革命梦想流泪。

历史是残酷的，命运是深沉的，尤其是在那样一个战火纷飞的年代，在那样一个外忧内患的年代，有志者如何壮志哉？这是一幅怎样的画面？这得饱含多么大的深情？然而，他们没有退缩，他们没有倒下，他们没有止步不前，他们取得了最终的胜利！

我们的战士有血有肉，他们和 80 年后的我们一样。你能想象那些比你年岁还要小上很多很多的年轻人"吃这种苦"时的样子吗？他们没有无忧无虑的生活，没有安逸舒适的服务，没有和平年代的温暖眷顾，他们每天看到的、听到的，有多少是让他们弱小的心灵一次又一次不得不强大的？换成我们，我们能做到吗？我并不知道，也不愿发生这样的情况，因为那必然是伴随着眼泪和鲜血的！

80 年了，真的是 80 年了！一转眼，我们都可以安稳地琢磨历史了，要是以前，能这般安闲？可是我们的一些青年朋友，却对那段历史不熟悉或是不愿了解。我想，没有什么比忘记过去的苦痛更让先辈们失望的吧？他们为我们撑起了今天，那我们又是如何度过每一天的？

勿忘历史，勿忘英雄，勿忘中国共产党的历史作用和重要意义，并不是什么硬要与"政治正确"羁绊在一起的选择，而是我们作为一个享受先辈奋斗成果的后人，作为一个"大写的人"，应当持有的果敢和正义。长征胜利 80 周年了，被一些人忘却的东西有很多，可是我们不能忘记，有志青年不能忘记，天下义士不能忘记！这是我们的历史，这是我们的财富！

从历史中汲取奋力前行的力量

（2016 年 9 月 22 日）

总有一种声音让我们热泪盈眶，总有一种力量让我们激情澎湃，总有一种回忆让我们精神抖擞，总有一种牵绊让我们难以忘怀。

时间是温婉的流水，人是水里自由游弋的鱼，前进的历史，也不可让我们忘记了身后的路。敲响 80 年前的大钟，我们还能够听到什么，还能够看到什么，还能够沿着来过的路找到什么？

（一）

2016 年 9 月 21 日上午，"聆听历史回响，思考中国奇迹"——纪念红军长征胜利 80 周年中外青年学者交流活动在江西省瑞金市中央革命根据地历史博物馆正式拉开帷幕。

云石山，叶坪乡黄沙村华屋，马克思共产主义学校，中央红色医院，叶坪革命旧址群，沙洲坝红井景区，"二苏大"（中华苏维埃共和国第二次全国人民代表大会）旧址，中央苏维埃军事博览园……

大家走访了昔日的"旧地"，重温了过往的那段历史，亲近了点燃红色革命理想火炬的土壤。透过历史的重重阻隔，我们惊叹，我们敬仰。发自肺腑的情感，简单而纯粹，只是因为我们备受鼓舞和感动。

（二）

　　80年或许太过久远，可是历史是有记忆的，不会完全消散于时间之河。

　　正如我们从历史资料里乘着向源头而上的小舟，一边看着，一边听着，一边想着，终究是驶进了老一辈革命党人的生活中。然后我们寻味，我们思考，我们明白了留下红色基因的他们散播红色种子的他们，也是我们的样子。只不过，他们坚定信念凝聚力量，奋力前行却是比我们大部分人更果敢更义无反顾。

　　感受最纯粹的红色教育，无外乎近距离体验红色精神的雄壮顽强，了解红色力量的厚重有力。倾听历史的回音，我们心灵的每一次震撼，无不在说明他们的智慧和坚毅。也在告诉我们，应当有所学，并学有所行。

（三）

　　80年前，先辈们领导的中国共产党是一支精英之师，回溯历史，我再次确认并坚信了这一点。虽然当前的社会舆论总是有些诋毁那段历史的粗俗认识，但是我们不能不承认的事实恰恰就是：中国正在中国共产党的领导下，越来越好。

　　看着那一座座普通得不能再普通的旧址在历史的风中挺立，好似要说些什么，但依旧保持沉默的状态，恐怕也只有我们亲自去找寻了……

　　没有得天独厚的优势条件，在艰难困苦的生活环境下，他们究竟是如何崛起的？当有些人想要给他们挑刺的时候，请看看最终的结果，他们为何能成功？机构设置，人员管理，组织协调，该有的规矩一丝不苟，哪里有半分愚笨者的样子？

从星星之火到辐射全国取得新民主主义革命的胜利,这是漫长的一步。从第五次反"围剿"失败后被迫转移到实现了人类历史上伟大的创举——长征,这是伟大的一步。再到如今要实现"两个一百年"奋斗目标的新长征,以及为实现中华民族伟大复兴的中国梦而努力,我们已经跨出了很多重要的步子。

(四)

历史应当继续前进,勿忘初心方可真正使人本着心意一步到底,看那真理的去处。

我们更应该多些情怀,也应该反思现在与过往的条件差异。我们也许已经做得很好,可是我们是不是还可以做得更好?有没有人懈怠了,懒惰了,面对困难畏惧不前了?

在江西省瑞金市,有一位被誉为"共和国第一军嫂"的女子,她叫陈发姑,流传于世间的关于她和她那参加红军长征的丈夫的爱情故事,广为人知。70多年的等待,她没有等到她要的结果,草鞋编了一双双,青丝变白发,岁月蚀人容颜老,她却依旧在坚持。等着,盼着,让人们心中多了些难言滋味。

历史毕竟是过去的事,就像我们正在做的事也可能会成为后来者讨论的故事一般。铭记历史,不仅仅是记住,更应从中获取精神的重要营养,要呼应时代的选择,接受时代的召唤,为自己肩头的责任与使命感注入更多前进的力量。

长征是检验伟大理想信念的伟大实践

(2016年10月21日)

　　铭记历史，是为了更好地前行。行走在时代的大潮中，我们必须肩负历史的使命感和责任感，方可在历史选择的岔路口，坚定本心，笃实迈步。

　　80年前，中国共产党领导的中国工农红军踏上了人类历史上空前绝后的伟大长征之路。在二万五千里长征路面前，正如很多人认为的，以色列从埃及出走、汉尼拔翻越阿尔卑斯山、拿破仑进军莫斯科、美国人拓荒西部这些人类历史上的重要记忆都将黯然失色。

　　人类历史上如此浓墨重彩的一笔是断然不能被忘记的。纪念红军长征胜利80周年大会，是在一个时代节点上的一次深沉呼唤。

　　80年前，留在革命根据地的红军队伍和游击队，在极端困难的情况下，紧紧依靠人民群众，坚持游击战……陕甘宁西北根据地的建立，各方战士的团结，打破了敌人的重兵围剿……东北抗日联军坚持在国民党统治区工作的党组织及党领导的各方面力量都进行了艰苦卓绝的斗争……

　　历史证明，中国共产党与中华民族是休戚与共的命运共同体，我们每一个看似弱小的个人都是整个民族强大的支撑，长征精神又为我们个人源源不断地提供伟大的精神之力。透过历史的窗子远眺，前辈们都为长征的胜利作出了不可磨灭的贡献。如今，我们又如何不能在实现"两个一百年"奋斗目标、实现中华民族伟大复兴中国梦的新的长征路上，续写新的篇章，创造新的辉煌？

在长征路上，平均每300米就有一位红军战士牺牲，是什么力量让他们在血与火中奋力前行？我们要从中华民族的根本利益出发，怀着一颗追求正义的心，要将自己个人的命运同中华民族的命运紧紧绑在一起，方能明白，是眼中的理想，是心中的信念，推动着他们用伟大实践检验理想信念！

回望80年前的这一奇迹，我们必须认识到，长征的胜利是中国共产党人理想的胜利，是信念的胜利。崇高的理想及坚定的信念，激励着红军一直向前！

不忘初心，继续前行。长征的红飘带是红军的鲜血染成的，无论我们以后多么强大和繁荣，我们都不能忘记这段历史。长征的胜利靠的是红军战士压倒一切敌人而不被一切敌人压倒，征服一切困难而不被一切困难压倒的革命精神。

长征精神永不落伍，我们要坚持大力弘扬伟大长征精神！没有任何力量可以动摇中国共产党人的理想信念！长征检验了中国共产党人的理想信念，长征的胜利向世人证明了中国共产党人的理想信念是坚不可摧的！

共产党员与信仰

（2016 年 12 月 9 日）

　　我们要聊"共产党员"这个话题，是不能把"信仰"问题分割出去的。要谈谈一名共产党员应该怎么做，我们就要先明确，支撑他这么去做的动力到底是什么？他到底有没有信仰？他的信仰是否正确指引他前行？

　　由我去谈这类话题不知妥否，也不知我的观点是否能够让大家凝聚共识，但我还是想要把自己的一些认识说一说。涉及"信仰"能够讨论的方面很多，人们对"信仰"可以发言的空间也很大，这也导致了诸多的分歧和差异，好像各自的理解都有那么几分"对"。然而，信仰到底是个什么东西，并不是那么简单的一回事。单纯地谈一谈讲一讲这个话题，大家都可以，可是真要问你有没有信仰，却又是很不好回答的一个问题。我们有信仰吗？我们信仰什么？信仰能带给我们什么？全体共产党员都要反思这三个问题，无须把答案说出来，只需要认真地对自己说，了解自己现在到底是个什么样子就好。信仰的多种行为表现就包括了高度的责任感，一名合格的优秀的共产党员也应当具备这种品质。

　　作为一名共产党员，如果没有信仰，那是非常严重和危险的，"共产党员没有信仰"那是会危及整个中国共产党的生存与发展的。有无信仰，肯定是有很大的不同。依照当前的思想舆论导向和价值观念趋势而言，信仰缺失是个大问题，谈论"我们需要信仰"有时反而会成为一个"没有意义"的问题。

信仰的缺失可能是一个时代的悲剧，缺乏信仰的时代可能会带来糟糕的一切。人的价值判断和思想观念可能会更自私化和利己化。在人们眼中，可能除了满足自己的贪欲，一切都不是那么"美好"的。

信仰本该是很重要的，可是当下关于其重要性与否却存在本不该有的争议。要用常人的话来说，信仰能当衣穿能当饭吃吗？信仰可以用来支付医疗费用吗？信仰能够破解"潜规则"和"裙带关系"之惑吗？信仰能够让一个人免受物质缺乏的困扰吗？于是乎，信仰就很少被人提及了，除非你是别人口中的"傻子"，不然你要真把信仰作为一种始终坚持的精神指引，那在别人的眼里肯定是不可思议的事情，除了"你傻"这个理由，就很难说明问题原因了。

拥有信仰的人应当得到尊重。如果你认为坚持信仰、坚定方向、坚守正义是一种"傻"病，那么我必须告诉你，如果一名共产党员没有这种"傻劲"，那么他最多也就是程序上入了党而已。思想不进步的人才会将信仰定义为"傻"，我们的党员同志必须要有比一般人更高的思想觉悟和意识。当大家都"犯傻"的时候，谁还会把信仰与"傻"做联系呢？另一个问题在于，很多人虽然觉得共产党员有信仰很"傻"，可是这些说"共产党员很傻"的人偏偏还就是想要加入中国共产党。

端正入党动机体现了信仰纯度。为什么要入党？现在的很多人都说入党好，都挤破脑袋想要向党靠近，总之，他们觉得加入了中国共产党就有很多或是显明或是晦涩的"好处"。我不禁纳闷了，党的宗旨是全心全意为人民服务，你加入中国共产党成了一名党员，你就是一个服务者，你要服务的对象是亿万人民，这是多么大的一份责任，这得需要多么大的担当？成为党员，并且要做一名合格的优秀的党员，是非常考验一个人的信仰纯度的。要是没有足够的信仰支撑，纵使你身体入了党，可是你的心还在花花绿绿的红尘私利里游荡，那样你能履行自己的责任吗？

这里讲一下老一辈共产党人朱德同志的故事。朱德在加入中国共产党之前是国民革命军准将旅长，可他还是毅然选择加入中国共产党，这在当时是一件不可思议的事情！朱德放弃了当时别人眼中的荣华富贵，毅然决然地投身革命，这又是为什么？除了对当局的失望，更是对社会疾苦的深切同情，故而当他看到中国共产党带来的希望火光时，心中那想要拯救中国的信仰之火被点燃了。

朱德同志的入党过程并不顺利，先是被中国共产党主要创建者之一的陈独秀婉拒，后又远赴法国想要加入旅欧支部，只不过当时的支部负责人周恩来、张申府去了柏林，朱德便再次启程赶至柏林，终于在柏林成功入党。千里万里奔波只为加入中国共产党，朱德做的这一切不仅是在当时不被人们理解，换成我们现在看待这样的行为，也是会觉得这人肯定是"犯傻"了。可他能是真"傻"吗？是信仰之灯为他指明了这条路——只有中国共产党才能救中国！

共产党员不能没有信仰，必须坚定理想信念，必须坚持奋斗，必须勇往直前，必须要在风与火里冲出重围。中国是在苦难里涅槃重生过的，曾经遭遇了许多艰难困苦，但是都没有倒下，新一辈的共产党员能让其倒下吗？青年同志的数量在我们党内占据了很大一部分，我们必须要给他们把好信仰关！他们也正是我们党的信仰传承的种子。试想如果缺失了信仰，我们如何浴火而行？是信仰支持我们向前行进，是信仰支撑我们没有放弃，因为信仰不灭，故星星之火可以燎原，故而也就有了我们的辉煌历史及伟大奇迹。

信仰是希望的种子，总会发芽成长的。南昌起义失败后，起义部队逐渐人心涣散，走到江西安远天心圩只剩下800多人。此时，中央接到报告,"师长团长均皆逃跑,各营连长亦多离开,师级以上干部只剩朱德一人,政工干部一个不剩。"这是多么沉重的一幕!朱德在此时站了出来,在队伍士气低迷斗志将要完全丧失的关键时刻站了出来,他向剩下的同志说:"大革命失败了,我们起义军也失败了,但我们还是要革命,要革命的跟我走,不革命的可以回家不勉强。1905年俄国革命失败了,1907他们成功了,我们今天就是俄国人的1905,总有一天我们会迎来属于我们的1907。"

在濒临绝境的情况下,很多人的信仰都动摇了,哪还有满腔的热血情怀?哪还有相信革命必胜的信念?可就是这样的一个情况,朱德同志没有把信仰抛弃,他不但坚守了信仰,他更是在这800人的队伍即将解散的时候用信仰之光为大家指明了方向,为大家守住了初心,留住了革命的火种!朱德同志硬是用自己对伟大信仰的执着和热诚给大家从死地里找到了一条生路!这就是老一辈共产党员的信仰纯度。

不忘初心,继续前进。信仰便是我们的"初心",丢了信仰等同丢了魂,若是那样,之前所坚持的便难以再坚持下去,想要前进也将会寸步难行。如果朱德同志也放弃了作为共产党员的信仰,没有在那关键时刻的一番鼓舞士气的肺腑之言,哪里还有日后新中国的军队奠基人?日后的中国人民解放军又会是什么样子?22年后的解放战争胜利又会是什么情形?

共产党员在任何时候都不能放弃信仰,都不能忘记自己身上的责任,要勇于担当,要在历史进程中继续创造辉煌成绩,要为国家和人民带来更多福祉!

"我们党作为一个有8800多万名党员、440多万个党组织的党,作为一个在有着13亿多人口的大国长期执政的党,党的建设关系重大、牵动全局。"能力与责任匹配,中国共产党的责任之重不能忽视,承着这份责任迈步前行,我们的信仰才不会动摇。做一个最简单的乘法，我们党有 8800 多万名党员，一名党员如果能帮助到 20 个人，我们党就能够帮助到 17 亿 6 千多万的人啊！

中国共产党成立 95 年了，长征胜利 80 年了，抗日战争胜利 71 年了，我们党经过历史的命运选择，如今已经与中华民族和全中国人民形成了不可分割的命运共同体。我们党必须肩负起伟大的社会责任和历史使命，全体党员同志必须认真看清看明自己的角色和身份，每一个共产党人都要在这个时代更有所作为，要为民作为，要为社会作为，要为国家作为！

传承红色基因向中华民族伟大复兴奋进

（2017 年 7 月 29 日）

历史不因久远而淡薄，英雄不因岁月而埋尘。一声枪响，带我们返回 90 年前的那场变革，时光流逝，唯有那回荡在悲壮历史中的坚定信仰与精神力量永恒不灭，培育出的优秀的红色基因仍将传承下去。

2017 年是八一南昌起义暨建军 90 周年、秋收起义 90 周年、井冈山革命根据地创建 90 周年。在这样一个特殊时刻，回望过去砥砺奋进的这 90 年，人民军队在党的领导下不断从胜利走向胜利，为民族独立和人民解放，为国家富强和人民幸福建立了卓著功勋。我们应该骄傲，我们应该自豪，其中凝结着坚定理想信念、优良革命传统、顽强战斗作风，是我们宝贵的精神财富。

沿着八一南昌起义和秋收起义经过的主要地区，最后"会师"井冈山。我们在历史的走廊里不断寻找尘封的记忆，再一次感受南昌起义的英勇、秋收起义的困难、创建井冈山革命根据地的艰苦，领略前辈们的智慧，见证历史的奇迹。

未来从何来？没有过去，何来未来？铭记光辉历史，是一种感恩，是一种学习，更是在激励我们继续前行。我们要以感恩的视角去看那段历史，没有前辈们前仆后继、义无反顾地付出，没有那用血与泪凝聚而成的一阶一阶坚固厚实的基础，哪有今日的中国？吃水不忘挖井人，没有那个"1"，一切都是"0"。

遗忘艰苦奋斗的历史，等于背叛我们的信仰，等于舍弃了我们的根脉。你不知道自己从何而来，便也无法确定将向何处去，又如何去面对未知且凶险的困难？铭记历史，宣介历史，是一场寻根的苦旅，在 1927 年的时代背景下，前辈们所遭遇的困苦，前辈们所经历的磨难，都是我们现在难以体会的。

今日，当人们再踏上漫漫长途，走到"一线"去，亲身去听去看去记录，其实也是一场苦其心志、壮其胆魄、固其信仰的历练。

"我们要铭记光辉历史、传承红色基因，在新的起点上把革命先辈开创的伟大事业不断推向前进。"

耳畔传来历史的呼唤，在新的起点上，我们这个时代同那个时代有着命运缔结的共鸣，传承下来的红色基因正是充满希望的种子，扎根在这片土地，便开出了最美丽的花：中国共产党的重要成长、人民军队的建立、中华人民共和国的诞生……这些重要的历史大事件，彼此间都有触动人们细腻情感的联系。

当前，我们踏上了实现"两个一百年"奋斗目标、实现中华民族伟大复兴中国梦的新长征，我们面临的困难不少，我们更需要克服一切艰难险阻的勇气与智慧，我们必须坚定中国特色社会主义道路自信、理论自信、制度自信、文化自信。我们的道路，我们的理论，我们的制度，我们的文化，其实历史早就给了我们答案：过去，我们是如何从弱小走向强大的；现在，我们也将向中华民族伟大复兴奋进！

三个 90 周年，
从英雄身上汲取精神养分

（2017 年 7 月 30 日）

  1927 年是特殊的一年，八一南昌起义、秋收起义、创建井冈山革命根据地等一系列重要的历史事件，都发生在这一年，深刻影响和改变了中国日后的命运。一位位耳熟能详的历史英雄，在这一年都有了极其强烈和紧密的交集，这既是命运的召唤，更是历史的重托。

  当我们用今日的目光去看待这段过往的历史时，我们更应多些谦卑，更应多些启发，更应多些感恩。

  1927 年这一年，朱德 41 岁，刘伯承 35 岁，张云逸 35 岁，郭沫若 35 岁，毛泽东 34 岁，恽代英 32 岁，贺龙 31 岁，叶挺 31 岁，彭湃 31 岁，叶剑英 30 岁，周恩来 29 岁，瞿秋白 28 岁，聂荣臻 28 岁，李立三 28 岁，何长工 27 岁，陈毅 26 岁，陈赓 24 岁，卢德铭 22 岁，粟裕 20 岁，陶铸 19 岁，许光达 19 岁……

  "历史和现实都告诉我们，青年一代有理想、有担当，国家就有前途，民族就有希望，实现我们的发展目标就有源源不断的强大力量。"

  正是大好年华，他们坚定信仰，追求曙光，要在黑夜中撕开一角黎明，积极投身到伟大的事业中去。忆往昔，再看这段峥嵘岁月，我们的青年同志又怎么可能不受触动？又怎么可能没有一丝震撼呢？19 岁时，你在干什么？20 岁时，你在干什么？30 岁时，你在干什么？

35岁时,你又在干什么?

或许,在人生的漫漫长路中,有些同志在一些转角错过了重要的选择,并为之懊恼不已,甚至自暴自弃。可是,从来没有人可以规划你的未来,你的脚下行走的每一条路都该是自己踏出来的。一次错过,不代表失败。失败也只是反映了当前阶段的一种情况,并不代表否认了未来的无限可能性。心留一颗火种,传承红色基因的前辈们,遭遇的挫折和困苦,难道还比我们当下的同志遇到的少吗?

"心中有阳光,脚下有力量,为了理想能坚持、不懈怠,才能创造无愧于时代的人生。""有信念、有梦想、有奋斗、有奉献的人生,才是有意义的人生。"

不忘初心,继续前进。只要开始,就不必担心失败。只要心中仍然有目标,仍然有方向,就不必担心失去了力量。所谓人生,绝不能因庸碌而枯萎,必须有所憧憬,必须有所奋斗。

"实现中华民族伟大复兴的中国梦,需要一代又一代有志青年接续奋斗。广大青年要以国家富强、人民幸福为己任,胸怀理想、志存高远,积极投身中国特色社会主义伟大实践,并为之终生奋斗。"

在梦想面前,我们都是年轻的逐梦者。在坚定信仰的征途中,我们都是勇敢的实践者。在1927年这一年,无论是南昌起义领导人之一的41岁的朱德,还是秋收起义领导人之一的22岁的卢德铭,他们都是"年轻人",他们都是在参与自己人生的重要选择,以一腔热血之情投身其中。心怀远大理想,更要为之终生奋斗。我们的青年同志,又岂能失去那股向上的劲儿?

1927年9月,卢德铭指挥部队掩护毛泽东率部突围,终因寡不敌众,最后壮烈牺牲。我们的青年同志,如今遭遇的挑战与困难同前辈们的那种苦痛相比,又如何?现今,社会和谐稳定,经济繁荣发展,我们的青年同志又岂能没有作为?

打赢脱贫攻坚战，
新时代青年要敢于作为

（2019年5月13日）

2019年是决胜全面建成小康社会第一个百年奋斗目标的关键之年，当前，各地正向脱贫攻坚战发起全面总攻。在实现这一宏伟目标的征程上，广大青年是今日的生力军、明日的主力军，我们要相信青年、激励青年在脱贫攻坚战中创造更大的价值、发挥更大的作用，我们要关心关注青年在夺取伟大胜利的关键时刻所扮演的历史性角色。

新时代青年要敢于斗争甘于奉献

青年兴则国家兴，青年强则国家强。广大青年干部要发挥好"突击队""先锋队"的作用，发挥青年的优势，主动克服弱点，履职尽责、积极作为，坚决贯彻党中央打赢打好脱贫攻坚战重大决策部署，在脱贫攻坚伟业中建功立业，创造无愧于时代的人生。

党的十八大以来，以习近平同志为核心的党中央高度重视扶贫工作，认为扶贫工作事关全面建成小康社会，事关人民福祉，事关巩固党的执政基础，事关国家长治久安，事关我国国际形象。党的十九大更是明确将"精准脱贫"列为三大攻坚战之一，随着脱贫攻坚战的深入，我们当前已经进入全面建成小康社会的决胜阶段。我们要认识到这一历史阶段的变化，我们要清晰把握历史发展的脉络，在奋斗的青春中实现人生价值的升华。

凡是过往,皆为序章。我们的脱贫成果得来不易,从扶贫到脱贫,再到攻坚阶段,全面建成小康社会已然处在了一个尤为关键的时期。要打赢打好这场脱贫攻坚战,确保实现第一个百年奋斗目标,我们就要在巩固壮大原有成果的基础上,更加重视各项基础性工作,尤其基层一线的干部更要咬紧牙关,守住底线,向上再迈新台阶。我们的青年干部要积极投身脱贫攻坚战,主动担当、勇于奋进、敢于同遇到的一切艰难险阻作斗争。没有比人更高的山,没有比脚更远的路,我们的青年干部要脚踏实地、头顶太阳,展开臂膀、迈开步子,奋进在这个新时代,以开拓进取的姿态建立新时代的丰功伟业。

新时代青年要敢于创造甘于平凡

2019 年 4 月 30 日,纪念五四运动 100 周年大会在北京举行。我作为青年代表应邀参加大会,近距离聆听习近平总书记的殷切嘱托,倍感责任重大、使命光荣。在会上,习近平总书记对我们新时代的中国青年提出了"树立远大理想""热爱伟大祖国""担当时代责任""勇于砥砺奋斗""练就过硬本领""锤炼品德修为"这六点期望和要求。对于我们广大青年而言,正确认识自身价值,辨别自身在历史方位中的角色身份,能够推动我们以更大的热情和智慧投身社会主义建设,能够激发青春之我、成就奋斗之我、通往成功之我。

功成不必在我。广大青年要有势如破竹的气势,要将个人之小我融入国家民族之大我,要将个人之前途融入国家民族之命运,要在创新创造中突破自身局限,要在拼搏奋斗中实现人生蜕变。奋斗是青春最亮丽的底色,我们都将在奋斗中创造属于我们这个时代的伟大成绩。2008 年中央启动"一村一名大学生村官"计划至今,已有数十万名"大学生村官"走进农村,热情服务,努力实现人生的价值,筑牢农村发展的基础，为贫困村脱贫贡献了智慧和力量，真正改变了农村面貌。此外，诸如"西部计划""三下乡"等活动，都涌现出了无数青春的身影，他们在平凡的岗位上创造了不平凡的价值，彰显了青年的责任担当，是当代青年投身报国的有益探索和积极尝试，也是广大青年学子以个人之力参与脱贫攻坚工作的重要途径。

新时代青年要敢于有梦甘于修炼

脱贫攻坚战是一场反贫困、拒落后、迎发展、逐复兴的伟大决战，是实现我们伟大梦想的重要组成部分。在这场脱贫攻坚战中，我们广大青年要担当起国家民族复兴的历史重任，要敢于有梦、勇于追梦、勤于圆梦，要在不断修炼中发挥才干和本领，以创造性优势为我们的伟大梦想搭建连通时代的桥梁。

幸福不是从天而降的，成功不是一蹴而就的。唯有甘于修炼的觉悟，在脱贫攻坚战最艰苦的阶段，我们方能守住本心，牢记使命，无畏困难，砥砺前进。青年干部不应忘记历史的重托，要把好人生方向，把握人生际遇，不断提高本领、锤炼品德，不要将担当看成负担，要将自身在岗位上的投入与付出看成一种人生的修炼与获得，坚持自觉服务于我们的伟大祖国。

国家的希望在青年，民族的未来在青年。全面建成小康社会、实现第一个百年奋斗目标势在必行，青年干部要积极拥抱新时代，坚持大历史观，自觉以社会主义建设者和接班人的使命担当，在脱贫攻坚决胜期持续不断地释放青春力量，破除一切障碍，实现伟大梦想。

不负时代所托　绽放青春光彩

（2019年6月17日）

青年是整个社会力量中最积极、最有生气的力量，国家的希望在青年，民族的未来在青年。

青年一代有理想、有本领、有担当，国家就有前途，民族就有希望。我们广大青年要牢记习近平总书记的嘱托，继续发扬五四精神，以实现中华民族伟大复兴为己任，不辜负党的期望、人民期待、民族重托，不辜负我们这个伟大时代。

青年是什么样子，国家的未来就是什么样子。成长中的青年就像出海的舵手，在未知的征途总有可能遇到各种艰难险阻，我们可能迷失方向，也可能陷入困境。在未经历那些困难之前，我们就应做好准备，关键时候绝不松手，要坚定心中的理想，把好人生的方向盘。各行各业的青年奋斗在不同的岗位，人生的际遇会有所不同，个人的职业规划和人生目标也会存在差异，可是，远大理想是可以破除身份局限的，是可以指引我们、激励我们前进的。哪怕是微弱的烛火也可以照耀一方天地。我们要将个人之小我融入国家民族之大我，要将个人之前途融入国家民族之事业，以期创造更大的人生价值，实现人生的升华。

爱国是"最大的公约数"。每一个中国青年都要将爱国作为一种本分，化为一种推动自身积极向上的力量。一个人倘若不爱自己的国家甚至背叛自己的国家，必然遭世人所唾弃，又该如何立足这个世界？没有国家作为依靠的个人，就是无根的浮萍，必然遭受漂泊孤苦之痛。爱国不是空洞的口号，对于广大青年而言，努力打下深厚基础，立大志向、做大事业，胸怀忧国忧民之心、爱国爱民之情，不断奉献祖国、奉献人民，是以身报国的生动诠释。在当代中国，爱国主义的本质就是坚持爱国和爱党、爱社会主义高度统一，新时代的中国青年应当坚持听党话、跟党走，积极投身社会主义现代化建设。

时代呼唤担当，民族振兴是青年的责任。历史的车轮滚滚向前，绝不会同情和等待一切犹豫者、观望者、懈怠者、软弱者。在实现中华民族伟大复兴的征程上，我们青年要勇于担当，挺身而出，敢于同一切难题作斗争。青年朝气蓬勃，应当保持一种无畏的精神，无畏险峻之途，以担当精神去攻坚克难，不应逃避自己的历史使命。每一代青年都有每一代青年的责任，我们如今的生活建立在前辈们努力拼搏、热血奋斗的基础上，是前辈们以自己的担当情怀为我们耕耘了这片肥沃的土地。如今，我们这一代逐渐成长起来的青年，也要怀揣同样的历史担当，去为国家民族开垦新的未来。

奋斗的青春最美丽。民族复兴的使命要靠奋斗来实现，人生理想的风帆要靠奋斗来扬起。人民对美好生活的向往，就是我们奋斗的目标。每一种职业都值得尊重，每一个青年都是我们社会的重要成员。各行各业的青年不应妄自菲薄，要坚定自信，坚持中国共产党的领导，同人民一道，为实现"两个一百年"奋斗目标、实现中华民族伟大复兴的中国梦而奋斗。愿广大青年同志摆脱"冷气"，自己变成一个"小太阳"，发光发热，能够创造更大的价值，真正发挥更大的作用。用青春点燃梦想，用奋斗照亮人生，以青春之我成就奋斗之我，以青春之年华成就奋斗之事业。

梦想靠实践推动，成功靠本领驱行。广大青年既是追梦人，也是圆梦人，因为这个时代不缺乏让我们梦想成真的舞台。机遇与挑战总是并存的，在这个时代赋予我们创造美丽人生的机会之时，也对我们的能力素养提出了更高的要求。我们不仅要敢于有梦，还要勇于追梦，更要勤于圆梦，这就离不开过硬的本领作为驱动我们前行的重要基础。当今时代，知识更新不断加快，社会分工日益细化，新技术、新模式、新业态层出不穷。因此，我们要像海绵一样不断汲取知识，在学习和工作中提高素养，锤炼品格，苦练本领、增长才干。

建功正当时　奋勇搏人生

（2019年6月18日）

　　总有一种力量能够穿越时空的阻隔，激发人们的普遍共鸣，引领我们奋勇前行。2019年是中国五四运动100周年，我们重新面对过往的那场青年运动，应该要有更多的思考、更深的领悟。伴随五四运动孕育而出的爱国、进步、民主、科学等伟大精神，在我们这个时代能够发挥重要的作用，能为我们这个时代的青年运动提供重要支持，我们必须传承好、使用好这笔宝贵的精神财富。

　　回到100年前的那个风起云涌的时代，无数有志之士为了救中国而矢志奋斗，为了救中国而无畏牺牲，为了救中国而捐躯献身。他们是历史的见证者、亲历者，诉说历史的故事，对我们这个时代有着深远的影响和意义。他们告诉我们过去的路，也为我们指明未来的路。只要我们不忘初心、牢记使命，我们一定能够在新的征程上决胜全面建成小康社会、夺取新时代中国特色社会主义伟大胜利、实现中华民族伟大复兴的中国梦。

　　爱国是社会全体的最大共识。"五四精神"始于广大青年的爱国主义情怀，辐射全国，跨越阶层，凝聚了全国全民的爱国共识，也为在中国播撒马克思主义的种子开拓了更大的土壤，为旧中国带来了一丝曙光。青年是一个群体，但爱国主义精神点燃的是全社会有志之士的拳拳之心。我们要从宏大历史观的站位去看待这段历史，我们要从历史发展的角度去研究这段历史,我们要在中华民族5000多年文明史、中国人民近代以来170多年斗争史、中国共产党90多年奋斗史中去认识和把握这段历史;穿透历史隔墙的"五四精神",会在不同的时代被赋予新的内涵,永不落伍。

五四运动是一场爱国主义运动,我们要坚持"爱国"这个最大增量。五四运动与新时代的中国青年运动一脉相承,本质上都是为了实现中华民族伟大复兴的中国梦而奋斗。我们的征途不会一帆风顺,甚至会有许多艰难险阻,只要我们依旧保持对国家的热爱、对社会的热爱、对同胞的热爱,这股爱的力量必然给予我们更大的自信,激励我们继往开来、攻克难题。广大青年既是追梦者,也是圆梦人,梦想的种子一旦扎下,必然在未来的岁月里生根发芽。奋斗在社会各行各业的同志,都可以从五四运动中汲取精神养分,转化为对本职岗位的更大的热爱和动力,进而对社会作出更大的贡献。

五四运动是解答中国奇迹的钥匙之一。百年时光匆匆而过,中国背负历史的伤痛、历经挫折和磨难,取得新民主主义革命的胜利,从一穷二白、百废待兴走到世界舞台的中央。中国为什么成功?我们走的到底是一条什么路?我们有义务有责任为更多的人讲明白中国共产党为什么"能"、马克思主义为什么"行"、中国特色社会主义为什么"好"等重大问题。一路走来,我们为何坚信能够取得成功,我们为何能够在实践中创造丰厚业绩?百年前的五四运动能为我们提供重要的参考,在新时代弘扬"五四精神"更被赋予新的内涵,为我们坚定"四个自信",增强信心。

建功正当时,奋勇搏人生。每一代青年都有自己的际遇和机缘,都要在自己所处的时代条件下谋划人生、创造历史。五四运动是由青年推动的历史,100年过去了,我们也能创造属于我们的历史。我们的青年投身社会建设,只要将小我融入大我,立志作出我们这一代人的历史贡献,哪怕是再小的微光都能绽放精彩的人生,都不会被这个时代所落下。广大青年要敢于有梦、勇于追梦、勤于圆梦,要将个人梦融入中国梦,不辜负自己,不辜负时代。

不忘初心牢记使命，
创造无愧于历史的奋斗人生

（2019 年 7 月 1 日）

2019 年是中华人民共和国成立 70 周年、长征胜利 83 周年、建军 92 周年、中国共产党成立 98 周年，耳畔响起历史的号角，指引我们在新的历史伟大起点前进，也是为我们在大历史中寻一片精神高地。在这样一个特殊的年份，一部名为《八子》的电影上映，便是一个历史故事的再现，也让我们对青春有了一种更深刻的解读——为了理想而奋斗，为了真理而无畏。

电影《八子》以 1934 年秋红军第五次反"围剿"进入最艰难时期为背景，改编自发生在江西瑞金沙洲坝的真实故事：一位老人把自己的八个儿子送去参军，自己临终前想见儿子一面，可儿子们却全部牺牲在了战场上。

在那样一个特定的历史背景下，参军就意味着随时要加入战斗，就意味着随时要准备流血和牺牲。尽管如此，还是出现了"八子参军"的故事，难道父亲送子参军就没一点儿不舍吗？当然不是的。

总会有人为守护我们的安乐而负重前行。对这片土地的热爱，容不得他们当逃兵；对幸福生活的渴望，容不得他们不前进。他们响应号召参加红军，他们的父亲该不该支持？我想应该是有过不舍的，但是最终他还是坚定地说道："参加红军是为了贫苦百姓翻身，去吧，我等着你们胜利归来！"

遗憾的是，噩耗一个接着一个传来，真实的枪林弹雨远比影视剧更加鲜血淋漓，更让人心悸。望着几个儿子曾经离去的方向，他们的父亲要饱受多大的孤独和绝望，才喊出那句："儿呀，原谅你们的爹吧！爹也没有想到你们一个都回不来了呀！"

一部电影，虽然无法完全展现过往的历史，但是可以带我们走近那段历史。相仿的年纪，他们在做什么，我们又在做什么？据统计，苏区时期只有 24 万人口的瑞金，参加红军的就有 4.9 万余人，有名有姓的烈士达 17166 人，还有更多的人连姓名都没有留下。他们坚信必将胜利，可是他们不像我们必知胜利，又是什么支撑他们坚持下去的？

特定年代的悲剧绝不会只有个例，要阻止更多的悲剧发生，就必须奋斗，就必须顽强斗争！无论何时，无论面对什么困难和挑战，我们都不能忘了保持斗争的优良传统。

奋斗的青春最美丽，可是奋斗并不都是光彩熠熠的，也可能是如《八子》中那样的悲壮。从十四五岁到二十多岁的青年，他们难道不是孩子吗？在那个年代，这些加入红军的孩子们，却真实地用自己的行动书写了无愧于时代、无愧于民族的壮丽篇章。他们是那个时代当之无愧的中国梦的践行者！

百年岁月间，中国大地早已焕然一新。聆听大历史的深沉厚重，当下的我们应深感责任重大，不应辜负党的期望、人民的期待、民族的重托。

拥抱大历史　奋斗新时代

（2019年7月17日）

2019年是中华人民共和国成立70周年。回顾过去的70年，中国从站起来到富起来再到强起来，是中国自信的生动诠释。目前中国制造业规模居世界第一，国内生产总值稳居世界第二，对全球经济增长的贡献率超过30%。中国人应当自信，中国人也没有理由不自信。尤其面对复杂的国内外形势，我们更要自信。作为网络人，我们应努力将网络这个最大的变量化为最大的增量，传播网络正能量，凝聚广大爱国共识，增强中国自信。

当代中国，爱国的本质就是坚持爱国和爱党、爱社会主义高度统一。站在新的伟大历史节点，我们重任在肩，走在开启建设社会主义现代化国家的新征程上，我们要不忘初心、牢记使命，永远奋斗。江西是一个有故事的地方，这里开启了中国共产党局部治国理政的伟大探索，这里打响了中国共产党独立领导革命战争、创建人民军队和武装夺取政权的第一枪，这里是井冈山精神的发源地，这里是中国共产党在危难之际进行长征的出发地。

一代人有一代人的长征，一代人有一代人的使命。实现"两个一百年"奋斗目标、实现中华民族伟大复兴的中国梦，就是我们这一代人的新长征。今天，我们齐聚红军长征的出发地，面向历史，具有特殊的重要意义。我们可以去找寻中国的底气，深刻体验中国人民的力量，重温中国共产党人的初心。

凡是过往，皆为序章。拥抱历史，创造未来。长征是人类历史上的伟大创举，是真正的中国奇迹、世界奇迹。爬雪山、攀索道、过草地，红军将士同敌人进行了600余次战役战斗，跨越近百条江河，攀越40余座高山险峰，其中海拔4000米以上的雪山就有20余座……我们的前方何其困难？几乎每300米就有一位红军战士倒下，可以说，二万五千里的长征路是用鲜血染红的漫漫长路。如果换成我们，不妨问问自己，你还能看到希望吗？但是，他们没有放弃，他们依旧坚持并坚信必将胜利。是什么推动他们义无反顾地勇往直前？是什么让无数的英雄前辈们燃烧自己的青春岁月，为我们铺就这条通往未来的路？是爱，是对国家、对民族的热爱在激励他们；是理想，是信念，是"一切为了人民"的初心在指引他们。

中国共产党人的初心和使命，就是为中国人民谋幸福，为中华民族谋复兴。在当时那样一种环境下，我们的长征是有可能失败的，但我们最终还是实现了胜利，保留了革命的火种，并在人民的心中播撒了理想信念的种子。历史和现实向我们证明，"只有中国共产党才能救中国""没有中国共产党就没有新中国"。作为网络人，我们有责任为广大网民讲好这些中国故事。

长征是一次理想信念的伟大远征。再走这段长征路，我们虽不能完全体会前辈们的那种艰辛过往，但是我们每一个人都能够从这历史的长河里找到催人向上的精神力量，这股力量也必将转化为我们对生活、对工作、对事业的更大热情，激发我们的奋斗之心，支持我们以更坚毅和饱满的状态去迎接更美好的明天。希望我们每一个人都能将个人之小我融入国家民族之大我，将个人之前途融入国家民族之事业，砥砺前行，奋力前进，不辜负党的期望、人民的期待、民族的重托。

今日的我们再走长征路，深入赣南原中央苏区，感受新中国成立

70年的沧桑巨变，相信一定能够收获更多鼓舞。作为互联网浪潮中的一员，我们也应当力所能及地为发挥好网上思想引领作用作出努力，讲好中国故事，传播好中国声音，宣传好我们党的形象。

国庆 70 周年大阅兵，向世界展现更自信的中国

（2019 年 10 月 2 日）

2019 年是中华人民共和国成立 70 周年，10 月 1 日，我国在北京天安门广场举行了国庆大阅兵，引发国际社会的关注。

阅兵是一种展现国家军事力量的途径，通过这样的方式让其他国家了解其部分军事实力。新中国成立 70 周年大阅兵，让世界再次看到了中国的强大。这次阅兵编 59 个方（梯）队和联合军乐团，总规模约 1.5 万人，各型飞机 160 余架、装备 580 台（套），是近几次阅兵中规模最大的一次。

中国的这种强大带来的是和平，对维护地区稳定具有正面积极意义。中国越强大对世界和平的贡献就越多。至于那些颠倒黑白、歪曲事实的言论，本身就是对中国合法行为的诋毁与抹黑，存在深深的恶意。我们也奉劝那些别有用心的人士，少些嫉妒和威胁论调，莫再对中国的事务说三道四、指手画脚。

对于广大的中国人民而言，大阅兵能够激发我们的爱国热情，是我们向历史致敬的一次深情表白。1949 年，当我们在天安门城楼向世界宣告中华人民共和国成立的时候，中国依旧处于积贫积弱的状态，中国的军事装备仍然较为落后。"飞机不够，我们就飞两遍"，周恩来总理在开国大典上的这句话触动了无数人的内心。如今我们的飞机再

也不用飞两遍了，因为中国已经强起来了。所以，大阅兵对于我们来说有着更深沉的意义，我们是为了激励自己更好前行。

"这盛世如你所愿"，亿万中国人民都热切祈盼我们的国家会越来越好，大阅兵背后的国民关注也正是这样一种美好情感的集合。回首过往，我们走过了太多艰难的历程。中国的每一步发展，都绝非偶然，背后都是无数前辈呕心沥血、矢志奋斗、无私奉献的努力。

中国的明天是什么样子，是由今天的我们去描绘的。所有的前辈也曾是如我们一样的年轻人，在报效祖国的过程中，他们奉献了美丽的青春。

新时代的青年，肩负着强国使命，在实现中华民族伟大复兴中国梦的征程中扮演着重要的角色。大阅兵向我们青年传递的是一种自信的信号，这是谦虚的自信、深沉的自信，是从历史中走来的自信，也让我们广大青年更加坚定自信。

历史和人民缔造了新中国

（2019 年 12 月 19 日）

2019 年是中华人民共和国成立 70 周年，回顾这 70 年的奋斗史，中国从积贫积弱到走向世界舞台的中央，中国从站起来到富起来再到强起来，正在奔向中华民族的伟大复兴。我们也不禁思考，新中国是从何而来的？

习近平总书记说过这样一句话："历史是现实的根源，所有国家的今天都来自昨天。"新中国从何而来？新中国是从历史中走出来的，是从近代以来 170 多年中华民族发展历程的深刻总结中走出来的，是从中华民族 5000 多年悠久文明的传承中走出来的。

新中国的诞生不是偶然，这是时代的选择，这是历史的趋势，这是人民的意志。近代以来，中国饱受战火的摧残，一次又一次屈辱地低下头颅，内忧外患，国家分崩离析，人民群众怎么能够安心生活？国破家何在？这种情况下，我们是不是想要有新的改变？是不是想要有新的生活？新中国就是在人民的希望中孕育出来的。

可以说，当时绝大多数中国人的心中正在盼着一股风，等着起风，吹去旧的气象。尤其是 1919 年五四运动爆发的时候，这种基于爱国主义的中国精神，将这股风吹到了一个高点，以全民族的行动激发了追求真理、追求进步的伟大觉醒，凝聚团结了中国广大人民的伟大力量。这个时候，中国人民千盼万盼等的这股风是谁呢？不是资本主义的"洋先生"，而是为中国人民谋幸福、为中华民族谋复兴的中国共产党。1921年，中国共产党诞生了。

如今，老百姓经常讲的两句话告诉了我们那个时代的答案，"只有共产党才能救中国""没有共产党就没有新中国"。正视历史，中国的近代史就是一部屈辱史，又是谁结束了这种屈辱，并带领中国人民走向富强？是中国共产党。1949年，由中国共产党执政的中华人民共和国成立了新中国让人民有新的盼望，让社会有新的气象，让民族有新的未来！所以我想说的是，历史选择了中国共产党，中国人民选择了新中国。如果你要问我，新中国从何而来？我会告诉你，是从人民的希望中走来的！

新中国还是从传承中走来的，保证了中华民族历史文明的传承。我们有5000多年的文明史，如今，这种文明传承仍然在继续，这在世界上任何一个国家都是不存在的，我们应该骄傲和自豪。世界上没有任何一个国家像我们一样，国民一张口就可以细数自己祖国几千年的朝代更迭。中国的历史悠久、文明璀璨，你要从大历史的发展去看待新中国，不能说1949年之后才叫中国。毫无疑问，新中国是中华文明的传承者。

70岁的中华人民共和国还很年轻，面向未来，我们正在创造一个又一个历史，我们将不断从胜利走向胜利。所以你要问我，新中国从何而来？我会告诉你，是从历史中走来的！

探寻初心使命化作永远奋斗的力量

（2019 年 12 月 19 日）

中国共产党人的初心和使命就是"为中国人民谋幸福，为中华民族谋复兴"，我们讲要"不忘初心、牢记使命"，但是又该怎么去做呢？我觉得要坚持"永远只有将个人之小我融入国家民族之大我，将个人之前途融入国家民族之事业，提升人生境界，升华人生价值，我们才能创造无愧于时代的人生，我们才能无愧于党的期待、民族的重托"。我们要立志成长为社会主义事业的合格建设者和可靠接班人，我们就要有这样一种大的视野、大的胸怀、大的志向。

中国是一个历史大国、文明大国、人口大国，中国的这种"大"不是大而不当，而是大得有气力，大得有精神，大得有希望。大就要有大的样子，我们要有责任、有担当、有使命感。但是，这样一种大不是平白来的，不是莫名出现的，而是 14 亿中国人民期盼的，是民心所向、众志成城凝聚的，是我们每一个人都要去承担的。

我们个人的这样一种"小"，真正乘上这个 14 亿，乘上这个 5000 多年的文明史，乘上近代以来 170 多年的斗争史，乘上新中国成立以来 70 年的奋斗史，就会变得大，就会找到那个大的方向。我们要坚持大历史观，从历史的洪流中增强党性教育、爱国教育，传承红色基因，化作我们为初心而奋斗、为使命而前行的力量源泉。

如果你感觉岁月静好，那是因为有人替你负重前行。在长征期间，我们的红军将士同敌人进行了600余次战役战斗，跨越近百条江河，攀越40余座高山险峰，其中海拔4000米以上的雪山就有20余座，平均每过300米就有一位红军战士倒下⋯⋯为什么最终中国共产党取得了伟大长征的胜利？因为我们怀着初心和使命，一直坚持奋斗！

任何年代，要寻得和平的代价都不小，但今天我们付得起那个代价，因为中国足够强大。这种强大离不开前辈们的努力奋斗，今后也要靠我们继续奋斗。我们重任在肩，又怎敢自满？

我们也要去客观看待不断成长的年轻一代，要团结教育、组织动员、引领发展他们。我想说的是，一个人的成长过程是有不同阶段的，并不是一成不变的，最重要的不是今天他们怎么样，而是明天的他们以什么样的精神面貌和状态去做什么。我们要用辩证的视角去把握我们个人在社会发展、民族复兴、国家崛起的过程中扮演的角色，更重要的是能够发挥什么作用。不要动辄就是虚无的口号式的"大"，要着眼于真实的务实的"小"。初心和使命，最终推动我们去奋斗。

我们要正视一些党员在理想信念、思想作风、专业技能上存在的问题，但我更相信，在思想大教育的感染下，我们终会在一次又一次探寻历史的激荡和自我觉醒中，变成更好的自己。

中国共产党是具有群众基础的党

（2019 年 12 月 23 日）

旧民主主义革命为什么会失败？因为当时的革命者基本上都是想依托少数精英完成对社会的改造，而民众，只是他们改造的对象。这就是他们革命最终无法成功的局限性。中国共产党则不一样，它将民众作为动员的力量，作为推动革命的力量，抓住群众这个基础也是中国共产党的一大优势所在。

长征期间，二万五千里的长征路上，每过 300 米就倒下一个红军战士，当时到了这样的险境，谁能想到日后的中国共产党能够领导新民主主义革命并取得胜利？因而，当我们回首历史，发现中国共产党已经从一个几十人的小党发展成为 9000 多万党员的世界第一大党，我们也更有信心回答好"中国共产党为什么能"。

这个时候，我们就要讲到中国共产党的初心和使命。中国共产党的初心和使命是什么？是为中国人民谋幸福、为中华民族谋复兴！我们最大的力量来自人民！中国共产党有三大优良传统：理论联系实际、密切联系群众、批评和自我批评。在我看来，中国最大的实际是什么，中国人多啊！中国有亿万的群众，这是我们的重要基础，任何忽视这个基础的工作一定不牢，而牢牢把握这个基础的工作一定牢不可破。

所谓"得道多助、失道寡助""得民心者得天下"，中国共产党为什么"能"，那是因为中国共产党解决了人民群众关心的问题。我们也必须关注这些群众的切身利益，要领导革命，总得要有人响应，不然就说明你缺乏基础，根基不稳。所以，如果要对社会进行改造，不能只想着把老百姓改造成你要的样子，因为在那个环境下，改造大多数人是不现实的。但是你可以引导和动员这个大多数，为寻求幸福而努力奋斗，把社会改造成大家想要的样子。

"人民对美好生活的向往，就是我们的奋斗目标"，我们党和政府的工作不能脱离群众。从大历史观的角度去辩证把握，中国共产党是中国人民的党，"全心全意为人民服务"是我们党一切行动的根本出发点和落脚点，是我们党区别于其他一切政党的根本标志。新中国的诞生，自然是得到群众基础的支持。中国共产党不仅是紧紧联系这个实际，更是密切联系群众、赢得群众、代表群众。能够代表中国的广大人民群众，自然就代表了中国。

这是一个无愧于历史重托的伟大时代

（2019年12月31日）

从1949年到2019年，不只是一串数字的跳跃，也是时代的不断传承，背后是一个又一个中国精神的时代闪耀，是一位又一位功勋英雄的卓越贡献，是广大人民群众勇担历史责任践行使命的生动诠释。

今日的中国从昨日而来，从亿万民众的热切盼望和美好愿景中来。毋庸讳言，我们曾经走过弯路，但是我们从未放弃对真理的追求！回首过往，贫穷是我，富贵是我；虚弱是我，强大是我！从苦难中走向辉煌，从历史阵痛中迎接民族的苏醒，中国不一般，中华民族不一样！我们从未缺失正视错误的勇气，所以才在一次又一次崩溃论调中不断涅槃，以最真实最具有力量的姿态唤醒民众的精神！

中国的综合国力强大了，不是为了争霸的强大，不是为了称霸的强大，而是为了保护国家保护国民的强大。我们是一个有14亿人口的国家，中国只要人民幸福、社会安定，就是对全人类的最大贡献。我们从积贫积弱到国富民强，我们从被动落后到积极拥抱和引领世界，非凡的经历以命运的视角诉说一个又一个"中国时间"的故事。可是，我们的路不好走！

中国是一个有着5000多年文明历史的伟大国家，在璀璨的历史长河中，中国在人类世界都是独一无二的。中国共产党领导的新中国，从被质疑被排斥到被认同被学习，"一带一路"倡议连接世界，"命运共同体"凝聚天下共识,我们用现实证明过去的这条路是对的,能够承担起5000多年文明历史的重托!

人民对美好生活的向往,就是我们奋斗的目标!中华人民共和国成立70年了,我们从未忘记自己曾经的模样,我们从未停下不断进取的脚步,我们从未放弃对星辰大海的探索。因为我们必须强大,必须在一次又一次的反省与思考中突破。为了保护自己、保护家人、保护朋友、保护同胞,保护我们热爱的这片土地,我们都必须强大!

人民是历史的英雄!中国的历史和成就,由无数英雄创造!新中国的发展,与我们的生活息息相关,我们如何不骄傲,如何不自豪,又如何不"诚惶诚恐"?尤其对青年一代而言,目前的自己、未来的自己能否担得起强国使命?在实现中华民族伟大复兴中国梦的征程上,我们有没有自信把以后的路走好?

"位卑未敢忘忧国,事定犹须待阖棺。"有一束光,便照耀一方天地;有一分热,便温暖一丝人心。中国人民什么难题没遇到过?新中国成立的开国大典上,我们的飞机不足20架,周恩来总理说飞机不够,我们就飞两遍。如今我们的飞机再也不用飞两遍了,因为中国强大起来了!前辈们也曾如我们是青年,他们所看的中国和我们不同,而我们今天生活的中国就是他们当初坚定追求要为我们创造的生活!去追求和创造自己都没看到的生活,有多难?这就是我们的英雄。我们又如何不该更有自信?

祖国的繁荣昌盛,需要社会主义事业合格建设者和可靠接班人的共同努力。只要大多数的人为了这个国家好,深爱着这个国家,那我们的国家就会越来越好!我也曾看到过奸邪之人,接触他们的丑恶,看到过把心计放在阴谋上浑浑噩噩之人,他们或许身份体面却早已被蛀空了躯壳,他们眼中只有自己,谎言与自私,构陷与虚伪,"面具"之下是满满的负能量。如果因为他们的问题,你被攻击或扰了心性变得不再相信善良,那才是我们最大的损失!我们不仅要无畏生活的艰难,更要无惧人性的险恶。在任何岗位上,只要你做的是对的,请你勇敢,请你自信,请你坚持!我为祖国骄傲,我们更要从祖国这个大概念里去找到那个真实的小我,真正足以让自己骄傲的自己。

有人说为什么要爱国?国家强大和你有什么关系?我想说,爱国是做人的本分,我们不能忘了自己的本分。因为深爱这个国家,所以我们必须成长为更好的自己!

力戒"骄娇"二气
在奋斗中拥抱伟大祖国

（2020年9月7日）

中华民族的伟大复兴需要千千万万人的参与，要在永久奋斗中不断收获一个又一个胜利。赢得青年，赢得未来。作为重要的奋斗群体，我们要牢牢拧紧这一颗颗"螺丝钉"，扣好广大青年的人生"纽扣"。青年一代有理想、有本领、有担当，国家就有前途、民族就有希望。广大青年必须力戒"骄娇"二气，把个人之小我融入国家民族之大我，把个人之前途融入国家民族之事业，要坚持永久奋斗，在奋斗中展现青春风采、升华人生境界、报效祖国社会。

我所理解的"骄娇"二气，"骄"指的是傲慢自负、妄自尊大；"娇"指的是贪图享乐、意志脆弱，这"骄娇"二气是万万不可要得的。尤其对涉世之初的青年而言，沾染"骄娇"二气不仅不利于自身成长和发展，更有可能误导青年走向人生歧途。"骄娇"二气就是那层层设障的迷雾，会让旅人迷失在森林深处，若是安于现状则必然深受其害。

有的青年五体不勤，消耗大好时光，最终一事无成；有的青年狂妄自大，遇事莽撞，结果错失机遇；有的青年缺乏担当，自私狭隘，弄得境遇坎坷；有的青年畏惧困难，一味逃避，总是陷于泥沼。我们的青年若是不戒了这"骄娇"二气，不能够辩证看待个人同国家民族的关系，不能够承担起作为新时代中国青年的责任使命，那么必将受困于小我，从而丧失成就更好的自己的机会。

幸福不是从天而降的，成功也不是一蹴而就的。离开了奋斗之源，幸福和成功也就变得虚妄。虽说"骄娇"二气不可有，但有的青年受限于阅历、经历和认识的原因，不可避免地沾染上一些。我们要正视自己的问题，要学会坦诚面对、勇于战胜，以奋斗之力破解"骄娇"二气。青年的成长发展攸关党和国家前途命运，我们广大青年要担负起强国使命，为实现中华民族伟大复兴的中国梦矢志奋斗。

力戒"骄娇"二气，要扎根实际，拥抱伟大祖国。新冠肺炎疫情防控期间，一些十几岁二十多岁的青年在网络上聚到一起，发挥各自专业特长，策划网宣网评文章、漫图海报、音视频、H5倡议等产品，并且发布引导网文参与抗疫斗争的网络宣传引导工作。他们没有资金的运作支持，也非必要任务；没有媒体的技术优势，也非本职工作，但就是这样一群青年依旧在连续奋斗，不畏艰辛，义务奉献，做出了不小的成果，这不正是个人之小我同国家民族之大我交融的成功表现吗？事实证明，哪怕步行的距离被限制，但是思想的空间不会受限，只要我们真正心系祖国并投身具体可为的行动中，我们一定能够发挥自己的价值并展现担当的力量。

"骄娇"二气是可以在生活的沉淀中被洗去的。广大青年要去看看祖国大地的真实状态，去了解人民群众的困难需要，自然会在感知困苦、感悟人生的经历中实现自我认识的突破和觉醒，从而激发我们青年的奋斗之志，真正做到同人民一起奋斗、同人民一起梦想。新时代的中国青年要沉得住气，感恩而拼搏，在祖国大地上书写五彩人生。新时代的中国青年要稳得住心，知耻而后勇，在发现不足中去主动创造。青年要励志发奋成长成才，真正把"大有可为"向"大有作为"推进深入。

青春是五颜六色的，青年的未来是充满无限可能的。在"两个一百年"奋斗目标的历史交汇期，广大青年要有更大的责任感，去感悟时代赋予自己的使命，而戒了"骄娇"二气才能更好感知我们身上的责任二字。有的人在乡村插秧种稻，有的人在深山采茶起舞，有的人在车厂拼装组接，有的人在极地潜心科研，有的人在校园深耕讲坛，有的人在考场全力以赴……不同的领域不同的个体，都在自己的战场上奋发努力，我们都有着共同的拼搏姿态——为生活而奋斗。奋斗让我们如此相像，奋斗联系你我的时代命运。

传播正能量　青年正当时
（2020 年 12 月 15 日）

谈到青年，就要考虑到青年的年龄阶段，要充分理解青年的本领养成需要的时间沉淀。我想说的是，青年一定不要妄自菲薄，我们很多人都会有迷茫困惑这样一个阶段。尤其面对一些复杂问题，我们可能会觉得以自己的能力很难解决，也很难发挥作用，所以我们中的一些人就会选择拒绝去面对，拒绝去发出自己的声音。但我想说的是，黑夜之中没有一丝光亮会被浪费。

今天，在我们身处的这个波澜壮阔的互联网时代，我们每一个人都可以在网上发出自己的声音。互联网也让我们每一个人的声音都有一种被看见的可能性。当你抬起头向周遭望去的时候，你会发现，每个人手上所举着的哪怕是一丝丝微弱的烛火，聚在一起都将撑起黑夜的黎明，为更多的人指明前进的方向和道路，所有投身其中的新时代奋斗者、正能量传播者都是我们的先行者。我们应当将这种大有可为向大有作为推进转化。

我参与网络正能量传播的时间契机，应该要从 2013 年说起。那一年，有一名女高中生因为不堪网络暴力的骚扰，最终选择了投河自尽。当时，正值 21 岁的我看到一个年龄和自己相仿的鲜活生命就这样在"众目睽睽"之下凋零的时候，给我的思想冲击还是非常巨大的。我当时就在想，我们当中会不会有人成为下一个网络暴力的受害者，我们当中又会不会有人参与下一场网络暴力的狂欢成为施害者。为什么网上有一部分人要那么苛刻甚至阴毒地去攻击一个年轻人，这样有意义吗？到底是谁给了他们这种权利，他们又践踏了谁的权利？

根据这个事件的由头，我在网上发表了一篇评论文章，批评这种非理性的网络暴力。让人感到意外的是，这篇文章被一些地方编入语文高考模拟卷。更让人没有想到的是，居然有在试卷上看到这篇文章的高中生通过网络联系到我，表达他的一种正面情绪的观感。就在那个时候，我更加坚定了，我们这些人还是能够做一些事的，也是可以做成一些事的。

从线下的问题到线上的发声，再从线上的发声到线下的影响，原来我们一直都站在时代舞台的中央，我们可能都有一种还未被挖掘的能力正等待被看见。如今已经过去了7年，网络暴力这个问题并没有消失，我也希望能有更多的朋友去传播正能量。

大概半年多前，一个网友联系到我，她说自己因为网络暴力被逼得退出了社交平台，之后因为身边的朋友被人肉搜索又逼得她重新"上网"来正视网络暴力这个问题，这个过程她的心理压力很大，也不知道该怎么办。前段时间，当我再看这个网友的账号时，她的账号已经显示为"该账号因用户自行申请关闭，现已无法查看"，这就是网络暴力的结果。

我希望以后网上理性的声音更多一些，非理性的喧嚣更少一些。我也希望更多的人，尤其青年能够主动站出来参与正能量传播，去驳斥歪风邪气。当然，青年的身上或许也会有一些缺点，这其实很正常。不过，我们也不能忽视青年的成长性，有些问题、错误是人生必经的。正是因为我们还不够好，所以我们一起向着更好的自己前进才会变得格外有意义。希望大家能够一道同行。

牢记"人民立场" 新时代青年要敢于亮剑

（2020 年 12 月 28 日）

　　担任江西省人民政府的监督员有半年多了，通过社会渠道的线索收集，我还是认真调查研究了一些问题，也提出了一些建议（包含投诉举报类、政策建议类、一般咨询类信息），涉及 10 余家省直部门机构和地级市政府，督办范围影响覆盖超过 100 家单位，反映了一些基层群众和市场主体的合理诉求，直接和间接推动维护超过 100 万人次的合法权益，也针对政府部门工作中的一些问题提出了改进方法。

　　当然，并不是所有的问题都能马上解决，因为结果是很难预设的。而这个过程，自然是免不了会遇到一些困难和挑战的。有人会问，这是一个兼职身份，何必那么认真？正如我一直认为的，个人之小我融入国家民族之大我，个人之前途融入国家民族之事业，我们能够升华人生境界、提升人生价值，并继续推动我们做些对社会有意义的事情。有多少力量就要发挥多少作用，我们不能只知道"独善其身""爱惜羽毛"。这是我作为江西省"五型"政府建设监督员履职的义务，更是我作为一名新时代青年的情怀所系。

　　人都会有一个成长的过程，我自然也是这样。对一些问题的看法，对一些事物的态度，会随着阅历、技术、情怀等因素的变化而变化。我也相信每个人都有一个从"小我"到"大我"的追求变化，也会从以关心自己个人利益为主慢慢向关心社会群体利益倾斜，因为个人的合理诉求本也是构成社会利益的其中一部分，这并不矛盾。这样的一种变化大概也是年轻人的巨大"潜力"吧。所以，当我看着那些"年轻人"，哪怕他们犯了很多错（年轻人犯错是很正常的），我也依旧相信他们能够创造很多了不起的成绩。

千万不要忘记人的成长是有一个过程的，这个过程可能很漫长但一定存在"质变"的契机，只要我们找到了那把人生的钥匙，依旧可以站在时代舞台的中央发出光亮。犯了错误不可怕，可怕的是迷失了方向，失去了信念。所以我个人的行为哪怕只是点亮了些许人心中的那团火，我都觉得是一件极有意义的事，因为他们成长起来可能比我更优秀。

客观上说，我在调查研究一些问题提出具体建议的时候，主要还是希望推动一些问题的化解，这是最重要的。另外，也希望在这个监督建议移送督办的过程中，有的机关部门能够辩证地从结果来看待一些问题的本质，自我激发能力建设（如政治能力、调查研究能力、科学决策能力、改革攻坚能力、应急处突能力、群众工作能力、抓落实能力等），形成一种良性循环和进步，最终还是为了让人民群众更满意，进而更好地推动政府的建设。

我来自人民，这是我的根，这也应该是很多人的最为粗壮而不能忘记的根本。忘记了主根，追求细枝末节的利益，总会让人变得疯狂，这是得不偿失的。如果要"疯狂"，倒不如选择一种投身时代大潮的疯狂，也希望和我一样"年轻"的人们，能够牢记"人民立场"，不管我们在什么行业，总不能都是单纯为了自己。

肯定会有人觉得我讲的是"大道理"，甚至对此感到厌恶。其实哪有什么大道理，不过都是一些真实所想的小感悟，如果自己都不信，那还有什么底气？当你认为人民的力量就是你的后盾的时候，你自然就有了力量，不管在哪方面遭遇压力，都不会阻止你去做坚定价值的事。有时候，只有做到不在乎的"疯狂"，才能担起他人的"在乎"，这应该是一种觉悟。

　　要为办好找办法，不为不办找理由。以问题为导向，以效果为目标，总得努力去试着推动一下。哪怕只是这么一段时间的经历，对于我个人而言都是一种收获。我年轻，但也不年轻了。不管还能坚持多久，我唯有一句：不问前程何方，但求问心无愧。有个词叫"感同身受"，也希望大家都能多些同理心，如果是你身边的家人遇到了一些问题，你又该如何面对？学会去保护他人，也是对"爱"的更大理解。

育英观语

上游之志

· 谈政时言 ·

世俗见论

杂说相音

党和政府的喉舌就是人民的喉舌

（2016年2月22日）

猴年伊始，习近平总书记到人民日报社、新华通讯社、中央电视台考察调研，并于2月19日下午主持召开党的新闻舆论工作座谈会。会上，习近平总书记从党和国家的工作全局出发强调，做好党的新闻舆论工作，事关旗帜和道路，事关贯彻落实党的理论和路线方针政策，事关顺利推进党和国家各项事业，事关全党全国各族人民凝聚力和向心力，事关党和国家前途命运。

党的新闻舆论工作的重要性毋庸置疑。"高举旗帜、引领导向，围绕中心、服务大局，团结人民、鼓舞士气，成风化人、凝心聚力，澄清谬误、明辨是非，联接中外、沟通世界。"这四十八个字阐明了党在新的历史条件下新闻舆论工作的职责和使命，可谓在新时期全面指导新闻舆论工作的总方针。要承担起这个职责和使命，必须把政治方向摆在第一位，牢牢坚持党性原则，牢牢坚持马克思主义新闻观，牢牢坚持正确舆论导向，牢牢坚持正面宣传为主。

党的新闻舆论工作必须把政治方向摆在第一位，这是党性原则问题。有些"公知""大V"在这段时间，大唱反调，质疑新闻舆论工作的政治原则，利用其自身的"影响力"进行抹黑，认为媒体不该有党性原则。这种"结论"是极其不理性的，是极其没有根据的。党和政府主办的媒体不姓"党"，那姓什么？"党媒姓党"就和党员必须要坚持党性原则一样,"党媒反党""党媒脱党"更是决不允许发生的事情。

党的新闻舆论工作坚持党性原则,最根本的是坚持党对新闻舆论工作的领导。党和政府主办的媒体是党和政府的宣传阵地,必须姓党。

党的新闻舆论工作要以正面宣传为主,新闻媒体也要直面工作中存在的问题,直面社会丑恶现象,激浊扬清、针砭时弊,舆论监督和正面宣传在这一点上是统一的。坚持党性原则不会使得媒体的监督"打折",如果因为坚持党性原则而说"无法监督",那只能说明该媒体本身就存有问题。坚持党性原则是媒体监督的前提,如果新闻媒体连原则都丢了,那还如何进行舆论监督?我们又该如何相信,失去了政治原则的媒体能够正常进行舆论监督?

在舆论场上,一些人士接受不了"党媒姓党"这一基本常识,发微博揶揄讽刺,这是让人难以理解的。首先,中国共产党是合法的执政党,党的执政合法性不容置疑,党和政府的特殊关系不能拆分。其次,党和政府主办的媒体本来就该姓"党",之前出现"党媒忘记自己姓什么"的现象是媒体没有政治觉悟的表现,更有甚者已经处在"政治错误"的范畴。最后,党性和人民性是相统一的,党和人民的利益根本上是一致的。

当前,有些人唱衰媒体的"自由性",包括一些媒体在传播"党媒姓党"这一新闻时诱导网民恶评,大抵上是因为这种"正常认识"的回归触动了一些势力的利益。

无论局势多么复杂,媒体都必须旗帜鲜明地坚持正确政治方向,站稳政治立场,坚持党性原则。因为党性和人民性从来都是一致的、统一的,坚持党性原则的媒体就是要同人民站在一起。

党和人民的利益本质上是一致的。党的宗旨是全心全意为人民服务,那么被服务的对象是谁?人民。一个拥有8000多万党员的政党,它的党员根基在哪里?人民。中国共产党是带领人民建立新中国的党,是带领中国人民站起来的党，一切为了谁？人民。中国是人民当家做主的人民民主专政国家，谁是国家的主体？人民。因此，媒体的所有工作，都要坚持党性和人民性相统一。

党性和人民性是有机统一的，是不可分离的。有些媒体和个人割裂"党性"和"人民性"的关系，故意制造出一种"对立"的假象，想要破坏媒体的党性原则，这点让人难以接受。因为任何企图将党媒"脱离党管"的行为，都是危险的。在新的历史条件下，新闻媒体更要坚定不移地高举旗帜，坚持党性原则要同坚持人民性原则相统一，明确认识，党和政府的喉舌就是人民的喉舌。

纪检干部更要有纪律意识

（2017年3月15日）

在我们国家特殊的国情背景下，纪委机关具有重要的作用和意义，是党风廉政建设和党内政治生活的重要抓手，是我们党袪病自治的重要保障。

2016年的相关数据显示，党的十八大以来，中央纪委机关共处理38人，其中立案查处17人、组织调整21人，全国纪检监察系统共处分7200余人、谈话函询4500余人次、组织处理2100余人。

显然，党的十八大以来，纪委的成绩很显眼。从大局来看发挥了积极作用，有利于塑造风清气正的氛围。我们可以把纪委的一系列具有正面意义的动作看成"洗澡"，我们党就是经历这样一次又一次的"洗澡"之后，在自我批评与监督中不断进步，便于凝聚民心，坚定党员信念。

设置纪委这样的组织，是我们党的一大特色，也是我们国家政治制度上的一大优势。可是，我们仍然不能忽视的是，在一些地方，纪检监察机关形同虚设，一些党员干部存在政治意识薄弱、党性修养落后、工作能力较低等问题，这就势必导致地方上的老百姓对我们党和政府的不信任，对我们国家政治制度的不信任。

在有的地方，纪检监察机关存在调查周期拖沓、办案效率低下的问题，不仅如此，有时候更是为了"拖"而拖着案子。更为过分的是，在明确举报内容为基本事实的情况下,还有些党员干部居然把举报者的信息透露给被举报者。"被举报者知道是谁举报自己之后,心里就开始盘算着怎么应对"的情况是存在的,这就让人看不太明白了。

纪检干部不守纪律,纪检监察机关的公信力和权威性何在?这就要求在纪检监察机关工作的领导干部要有比一般党员更高的政治觉悟,要有比一般党员更高的党性修养。如果纪检干部不能严格遵守党的章程和党内法规,行为上偏离党的路线,思想上背离党的方针和政策,那将是我们党的极大危机。

一些纪委干部自己都是"一身脏",又怎么要求别人保持干净?监督党员,是纪委的权力,也是纪委的责任。正是因为"监督"是权力与责任交织的存在,我们的纪检干部就更要有担当意识、纪律意识。

基层要真正落实执政为民

（2017 年 7 月 27 日）

欺上瞒下，是基层存在的一种不良作风。一些基层干部习惯安逸的生活，工作中不与人民群众接触，政治上严重脱离了人民群众，对人民群众的困难视而不见、充耳不闻，严重损害了党员和公务员的形象，严重降低了我们党和政府的公信力。

以环境保护问题为例，一些地方存在污水偷排直排、环评指标作假、工厂废气扰民等问题，可是居民真要向环保部门反映，结果无非就是"等"。针对那些在客观证据上基本可以坐实的问题，相关职能部门的同志避而不谈，而是让你"等等等"。等了一个月又一个月，等了一年又一年，等相关职能部门领导都调任了，这个问题就像没发生过一样。你再反映，也不过是陷入一个新的恶性循环。

"等字诀"等不来人民满意，等不来人民的幸福生活。可是基层一些部门恰恰就是把"等字诀"当成了在办公室工作的必胜法宝，不务正业却尽想出些折腾老百姓的法子，只不过是徒增人民群众的反感和厌恶。久而久之，人民群众也不往你这投诉和举报了。基层相关职能部门却认为是自身的服务上去了，生态"变好"了，又是一番向上"表功"，实际上是人民群众对你们的办事作风失望透顶了。

"表功卷"不代表真的出了成绩，更不代表这样的成绩经得起时间的推敲。执政为民看的是人民群众的满意度。上级领导就算欲同人民群众形成长效的沟通互动机制，却也难以直接跨过下级职能部门，这是基层领导干部能够"欺上瞒下"的重要原因。一些负面典型，在基层领导干部拖、推、瞒、骗、怠等之后，早就被丢在了办公桌底下，拿不上办公桌讨论，更无法引起关注。

把人民群众最关心的重要大事变成工作上不被关注的"小事"，是基层领导干部不讲政治原则、没有政治立场的恶劣表现。在涉环保问题的相关事件里，也会出现这样的怪现象：环保部门的工作人员定好时间去抽查，涉事工厂就停工，工作人员一走，涉事工厂就复工，环保部门说查不出问题，因为次次落空。这样的交代，百姓能够接受吗？难怪民间会传出"官商勾结"的消息。试问，这样的传闻又该如何击破？

把心沉下去　让民意升上来

（2018年3月12日）

"中国特色社会主义大厦需要四梁八柱来支撑，党是贯穿其中的总的骨架，党中央是顶梁柱。同时，基础非常重要，基础不牢、地动山摇。在基层就是党支部，上面千条线、下面一根针，必须夯实基层。要有千千万万优秀基层骨干，结合实际情况落实好各项工作。"3月10日上午，习近平总书记在参加十三届全国人大一次会议重庆代表团审议时强调，政治生态同自然生态一样，稍不注意就容易受到污染，一旦出现问题再想恢复就要付出很大代价。

"堤溃蚁孔，气泄针芒""巴豆虽小坏肠胃，酒杯不深淹死人"，大厦的基础如果没打好，倾覆的危险也就较大。中国共产党作为世界上最大的政党，要居安思危，要时刻牢记自身的初心和使命，要关注关心每一个党员的党性教育，要重视政治生态并为营造风清气正的政治环境而努力。每一名党员干部更要以身作则，走好群众路线，全心全意为人民服务，做好我们党同人民群众的纽带联系，为广大人民群众追求美好幸福生活创造好条件。

"办好中国的事情，关键在党，关键在党要管党、从严治党。"党员干部，既是广大人民群众联系我们党、评价我们党的窗口，也是我们党服务好人民、履行政治责任和担当的主体。我们必须时刻警惕党员干部思想出现腐朽化的情况，要加强"两学一做"学习教育，要时刻自督自查，要利用逐渐健全的监察体系，管好我们的党员干部。要让广大党员干部不敢腐、不能腐、不想腐。

党的十八大以来，以习近平同志为核心的党中央，全面从严治党成效卓著，八项规定改变中国，纠正"四风"、转变作风深得民心。享乐主义、奢靡之风明显刹住了，但形式主义、官僚主义在一些地方仍然顽固存在，严重影响党群关系，损害党和政府的公信力。"有的为转变作风而转变作风""用形式主义纠正形式主义"，这类现象必须引起重视。

民心是最大的政治，违背民心就是最严重的不讲政治。作风问题不改，民心所想、民意所望难以通过干部得以实现，民众的诉求和寄托得不到支持，甚至难以向上传达；党员干部的不作为间接成了恶作为，只会大大毁坏我们党的形象，大大动摇我们党的群众基础。这些都是不讲政治、没有规矩的表现。

"基础不牢，地动山摇。"一些领导干部只想着自己屁股底下的位子稳不稳，却没想真正到下面去看看民心还稳不稳，有的领导干部做调查研究，人下去了心却没下去；有的不知"立党为公"只知向上邀功，不比实绩比文笔，不重做功重"唱功"。这些行为给我们党和国家的长治久安带来政治上的隐患，对我们的政治生态造成实质性的破坏，不能不防、不能不治。

振兴乡村推动城乡融合
是具有中国特色的发展路径

（2018年3月15日）

3月8日，习近平总书记在参加十三届全国人大一次会议山东代表团审议时指出，实施乡村振兴战略，是党的十九大作出的重大决策部署，是决胜全面建成小康社会、全面建设社会主义现代化国家的重大历史任务，是新时代做好"三农"工作的总抓手。农业强不强、农村美不美、农民富不富，决定着全面小康社会的成色和社会主义现代化的质量。要深刻认识实施乡村振兴战略的重要性和必要性，扎扎实实把乡村振兴战略实施好。

脚下的路是自己走出来的，有的路径我们可以借鉴，但是当社会发展到重要关键时期，站在时代路口的每一个伟大选择都绝不可能是通过复制实现的。

党的十九大报告中指出，经过长期努力，中国特色社会主义进入了新时代，这是我国发展新的历史方位。中国特色社会主义进入新时代，农业农村发展步入新的历史阶段。在新时代，乡村是一个可以大有作为的广阔天地，迎来了难得的发展机遇。党的十九大也作出"实施乡村振兴战略"的战略部署。因此，我们要深刻认识这项战略部署的重要性和必要性，扎扎实实把乡村振兴战略实施好。

发展中国家的现代化进程，在很大程度上可以理解为实现城乡二元经济结构向现代经济结构的转换，其中很重要的一项工作便是城镇化建设。必须强调，我们应当辩证地看待这种现代化进程的特点，必须结合国情、社情、民情去分析和研究。

城镇化是城乡协调发展的过程，但是这样一种"过程"在过去也被一些人认定为是发展的唯一"结果"。于是便出现了"只要城镇不要乡村""拥抱城镇远离乡村"的情况。因此，单方面考虑推进城镇化建设，大多数的乡村青年都到城里去工作了，结果造成一些乡村留守儿童、孤寡老人由于缺乏家庭关爱而产生心理问题，老人和小孩的人身安全和健康更是令人担忧，尤其是孩子的健康成长得不到有效保护。

城市不可能无边界地扩张，但是我们换个角度去思考，假如我们把乡村建设好了，摆脱人们对乡村"经济贫穷""经济落后""环境脏乱""治安较差"等印象的误解，很多青年也愿意留在乡村，那么城乡问题是否能够迎刃而解？

城镇化与振兴乡村是两只脚，只有一起动起来，才能更好地往前走。我认为，改变城乡二元结构现状不是简单地消除对立结构，而是要建立相得益彰、相辅相成、融合发展的结构，推进城镇化建设不等于消灭乡村，振兴乡村也不等于要放弃城镇化建设带来的福利。城镇化建设和振兴乡村两个方面要均衡发展，这才是符合中国国情，符合客观发展的道路。

重塑城乡关系，推动城乡融合发展，振兴乡村是重中之重。3月13日，国务院机构改革方案提请十三届全国人大一次会议审议。方案提出，组建农业农村部，不再保留农业部。将农业部的职责，以及国家发展和改革委员会、财政部、国土资源部、水利部的有关农业投资项目管理职责整合，组建农业农村部，作为国务院组成部门。显然，从机构改革的趋势也可以看出振兴乡村的必要性和重要性。

建设美丽富裕和谐的乡村，让更多人留在乡村、羡慕乡村，振兴乡村才有可能实现。在此过程中，我们要充分尊重广大农民意愿，调动广大农民积极性、主动性、创造性，把广大农民对美好生活的向往化为推动乡村振兴的动力，把维护广大农民根本利益、促进广大农民共同富裕作为出发点和落脚点。

养老和医疗改革的突破顺应新时代发展要求

（2018年3月16日）

2018年国务院政府工作报告提出，稳步提高居民收入水平。继续提高退休人员基本养老金和城乡居民基础养老金。深化养老保险制度改革，建立企业职工基本养老保险基金中央调剂制度。深化公立医院综合改革，协调推进医疗价格、人事薪酬、药品流通、医保支付改革，提高医疗卫生服务质量，下大力气解决群众看病就医难题。毫无疑问，养老和医疗改革一直都是民生领域的重要方面，在这一关键领域有所突破，将是我国深化改革的重要一步。

数据显示，我国1999年60岁以上的人口占到总人口的10%，进入了老龄社会。到2017年底，这个占比已经提高到17.3%，65岁以上的人口在2000年的时候占总人口的7%，2017年底已经到了11.4%。同时，规模方面，2017年底60岁以上的人口达到2.4亿人，65岁以上的人口达到1.58亿人。2017年新增60岁以上的人口首次超过1000万，今后（每年）将按照1000万、1000万的（规模）往上增长。

可以看出，我国人口老龄化趋势正在加剧。随之而来的是养老和医疗服务需求增大，这是摆在我们眼前亟待解决的现实问题。从宏观层面来看，我国的人口结构发生了较大变化，社会发展也进入了新阶段。如果要前进得更远，我们就要把随时可能滚落并挡在路上的石头挪走，而不是绕着走，更不是往回看、开倒车。改革需要勇气，尤其要有破釜沉舟的魄力，要有"只许成功不许失败"的决心，勇往直前突破前面的阻力，为人民群众创造更加幸福美好的生活环境。但是，改革更要有智慧，尤其对准备突破的领域要有调研的基础，要深刻把握事物发展变化中的新矛盾和主要问题，只有推出具有实践性普及性的政策、制定具有社会共性和可持续性发展的战略路线，改革才能更有成效。

有舆论指出，我国基本医疗保障制度的保障水平还是相对较低，人民群众个人医疗费用负担仍然较重。结合我国日渐庞大的老年人口规模再来看这一问题，解决问题的急迫性显得更加明显。可见，养老和医疗改革，这两者之间也是有密切关联的。养老和医疗改革同步突破，相互配合，可以推动改善我国老年人的生活状况。

社会要发展，不能忘记关心和爱护老年人，要为他们提供制度性的保障，满足他们对养老和医疗服务的迫切需要。2018年政府工作报告提出，积极应对人口老龄化，发展居家、社区和互助式养老，推进医养结合，提高养老院服务质量。必须强调，提高养老院服务质量，关系两亿多老年人口的晚年幸福，也关系他们子女工作生活，以及整个家庭生活质量和社会发展的稳定。

我们的改革不是无的放矢，而是要切实考虑我国社会民生领域的现实需要，尤其是人民群众面临的一些具体问题和阻碍。改革，就是啃"硬骨头"。虽然过程曲折，但是要坚信未来是充满希望的。养老和医疗改革的过程，就是建立在社会现实需要的基础上，不断实现突破，不断满足人们对美好生活需要的过程，是响应时代、惠及民众、顺应发展的大事。

推动共有产权房建设
重在政策落实惠及民众

（2018年3月20日）

　　2018年全国两会期间，针对记者提出的"高房价，买不起"这一问题，住建部部长王蒙徽给出了解决方案——发展共有产权住房。

　　共有产权房是地方政府让渡部分土地出让收益，然后低价配售给符合条件的保障对象家庭所建的房屋。保障对象与地方政府签订合同，约定双方的产权份额及保障房将来上市交易的条件和所得价款的分配份额。即中低收入住房困难家庭购房时，可按个人与政府的出资比例，共同拥有房屋产权。房屋产权可由政府和市民平分，市民可向政府"赎回"产权。目前，共有产权房的准入门槛没有一个统一标准，主要是根据试点地区自身的经济发展状况和社会需要而定。

　　这种政策的优势显而易见，通过个人和政府共同拥有房屋产权的方式，减少了购房者的买房成本。而且，市民以后可向政府"赎回"产权，这也打消了购房者的"产权归属"疑虑。让广大中低收入群体用比市场价更低的价格，且在不需要全额购房的情况下，就可以拥有一套自己的住房。

　　不得不说，这种方案对于缓解住房压力、满足住房需求有一定的积极作用。不过，此前该政策在一些地区还属于试点阶段，因此推广的范围有限。相信在不久的将来，该方案会在地方逐步落实，成为各地区解决"高房价,买不起"这一问题的重要举措。

经过几年的试点,正式推出这项政策的条件已然成熟。推动共有产权房政策在全国范围内同步实现,恐怕还有些难度。但是,这并不妨碍这项改革得到社会的认可,只是要释放更大的改革效果,让更多的人享受改革红利。因此必须推动共有产权房政策在各地逐步落实,在更大范围内普及落地,保障和满足更多的中低收入人群的住房需求。

政策虽好,但是也依然存在推行阻力。我认为,现在最关键的是,改变地方对这项政策的认识程度和重视程度,减少诸如地方建设规划与共有产权房屋政策落地间不能协调的推行阻力。因为再好的政策,如若地方在落实过程中遇到阻碍,也将难以让人民群众真正拥有获得感和认同感,从而沦为一纸空文。

改革推动发展,改革促进新生。共有产权房政策是改革的产物,如若地方为政者不具备改革的创新意识,难以摒弃旧思维、旧方式、旧套路,那么改革就无法成功,政策就无法落实。必须强调,在推动共有产权房建设的同时,要配套落实领导追责制,把政策的落实和推动效果看成衡量地方政府服务水平的一个参考条件,只有让广大人民群众对美好生活的需求得到满足,改革才能得到支持和肯定。

打击非法校园贷的高压底线不能变

（2018年3月20日）

如何防范化解校园金融风险，更好满足在校大学生合理金融需求，是2018年全国两会期间的民生关注点之一。诸多人大代表、政协委员在谈到"非法校园贷"时都建议，要严厉打击，采取"疏""堵"结合的方式满足高校学生的金融需求。

中国银监会、教育部、人力资源社会保障部2017年就联合下发了《关于进一步加强校园贷规范管理工作的通知》，建议疏堵结合，维护校园贷正常秩序。可是治理非法校园贷，仍然面临着不小的压力。

2016年，中国银监会、中央网信办、教育部等六部门就联合下发《关于进一步加强校园网贷整治工作的通知》，要求各部门高度重视校园网贷整治工作，加强领导，明确分工，落实责任，务求实效。2017年，互联网金融风险专项整治工作领导小组办公室和P2P网贷风险专项整治工作领导小组办公室联合印发了《关于规范整顿"现金贷"业务的通知》，要求网贷平台不得为在校学生、无还款来源或不具备还款能力的借款人提供借贷撮合业务。

整治非法校园贷，可以说一直处于高强压的监管环境下。然而，非法校园贷并未消失，各种非法校园贷业务"暗潮"汹涌。在QQ、微信等社交平台依旧活跃着大量的校园贷中介，难以防范，非法校园贷问题仍在加剧。我们必须明确，当前非法校园贷问题仍然棘手，情况不容乐观，需要社会多部门联合参与整治。

针对校园贷，应开展专项治理，严厉打击各种形式的非法行为。各高校要把校园贷风险防范和综合整治工作作为当前维护学校安全稳定的重大工作来抓，完善工作机制，建立管控体系，切实担负起教育管理学生的主体责任。未经校方批准，严禁任何人、任何组织在校园内进行各种校园贷业务宣传和推介，及时清理各类借贷小广告。

有一类非法校园贷中介，利用其大学生身份进行校园贷业务的宣传，更容易误导和吸引大学生借贷，并从中获取高额利益。这种情况很突出，也成了整治非法校园贷过程中的一大难点。有关部门应该做出解释和规定，对参与宣传推广非法校园贷业务的学生及其行为做出定性，并及时进行处罚，阻止其在校内拓展传播渠道。

目前来看，非法校园贷问题绝不只是一个金融风险问题，更是一个社会伦理问题。"裸贷""高利贷""暴力催收""借贷者自杀"等负面事件，都让校园贷备受质疑和指责。相比经济纠纷，非法校园贷性质更恶劣，给社会带来的负面影响也更大。有媒体呼吁，应及时曝光从事非法校园贷的机构，形成高压态势，从而遏制不良校园贷继续滋生。

非法校园贷泛滥，不只是因为相关监管存在"盲区"，更是因为大学生本身对借贷的需求在增长。大学生的消费能力虽然有限，但随着生活水平的提高，消费需求却日渐增长。不断增长的消费需求同有限的消费能力之间，必然产生矛盾。无疑，非法校园贷就成了维持这种需求的灰色产物。校园贷始于2014年，可是随后一年迎来了爆发式增长，并成了社会广泛关注的问题，就充分说明了这一点。

我们必须正视大学生的合理需求，促进校园贷健康发展。为满足大学生在消费、创业、培训等方面合理的信贷资金和金融服务需求，净化校园金融市场环境，使校园贷回归良性发展。商业银行和政策性银行应在风险可控的前提下，有针对性地开发高校助学、培训、消费、创业等金融产品，向大学生提供定制化、规范化的金融服务，合理设置信贷额度和利率，提高大学生校园贷服务质效，畅通正规、阳光的校园信贷服务渠道。

就业创业,二线城市也是重要选择

(2018年3月25日)

3月21日,一家专业人力资源服务机构在沪发布的最新薪酬数据显示,2017年整体调薪率为7.4%,2018年预计调薪率为7.3%,其中二线城市的调薪率连续两年高于一线城市。

二线城市的调薪率高于一线城市,说明二线城市对人才的需求越来越旺盛。为了留住人才适当调薪,符合客观规律。相较于一线城市而言,二线城市的经济发展规模要逊色一筹,这也意味着二线城市的经济社会发展仍然有很大的上升空间。可以判断的是,在一线城市人才饱和的情况下,如果二线城市继续保持较为良好的发展势头,势必吸引众多一线城市的人才向二线城市流动。

二线城市对外要吸引更好的人才,二线城市企业也要想办法留住自己的人才。值得注意的是,调查显示,纵使二线城市调薪率高于一线城市,但离职率却并不比一线城市低。究其原因,还是二线城市薪酬的整体水平要低于一线城市。在二线城市中,薪酬水平差距不大的情况下,机会成本较低,人们可能更愿意尝试多种工作机会,以寻找更适合自身发展的职业岗位。离职率相对较高的现实,也在客观上推动着二线城市的调薪率。

从相关数据来看,紧缺型人才无论在一线城市还是在二线城市,都是企业争抢的重点对象,尤其是高科技行业人才和产品研发人才。

从2017年热门技术薪酬水平来看，人工智能职位年薪已超过60万元人民币，算法职位年薪超过40万元人民币，大数据职位年薪则超过35万元人民币。从软件开发工程师历年的年总现金收入来看，互联网行业明显高于高科技整体和ITO/BPO行业，且近五年来薪酬水平提升明显，2017年该值达31万元人民币，相比高科技整体和ITO/BPO行业，高出10万元人民币左右。这对于大学生在选择专业领域进行学习时，可以提供一些参考。

相较而言，二线城市的发展可提升空间要比一线城市更大，参与二线城市建设的人才，未来的岗位晋升和自主创业，能够获得的机遇可能也相对较大。另外，为了吸引稀缺专业人才，一些城市也会给出政策，为之提供较为可观的安家补助或房租补助。因此，应届毕业大学生在选择去一线城市发展还是去二线城市发展的问题上，应当根据自身的规划需求，慎重考虑。

加大力度整治打击
非法网络借贷刻不容缓

（2018年3月27日）

2018年1月29日，25岁的罗正宇爬上旅店楼顶，选择了自缢。2016年，刚刚硕士毕业的他，进入一家总部在武汉的大型国企。2017年2月离职。而媒体最后了解到的重要信息是，在他手机里，金融理财栏里有13个网贷App。13个网贷App里有5万多元的分期欠款，大多是2017年12月和2018年1月所欠的。截至2月28日，罗正宇欠下的将近4万元分期欠款，依旧每天在短信提示还款。

在"罗正宇自缢事件"中，5000元借款在7天后需还7000元，这样一个细节成了媒体关注的焦点。非法网贷产生的高利息，是压垮借贷者的第一块大石头。网贷的利息为何如此之高？显然，这不合理，相关法律法规从未允许如此之高的利息存在。严格意义上说，哪怕是属于经济纠纷，超过正常标准的利息都不属于法律保护的范畴，罗正宇完全可以不用还。可是，他却没有选择通过法律手段维护自身的合法权益，保护自己。事实上，为了还款，有的借贷者在多平台之间借款，"以贷还贷"让窟窿变得更大，对此，我们该悲哀还是该愤怒？

在2018年全国两会期间，非法校园借贷问题成为重点关注的民生话题之一。各大持牌金融机构现在都在积极推出针对在校大学生的产品，因为大学生群体及毕业不久刚刚迈入社会的人群的消费能力和自身的经济能力都较为特殊。试想，如果借贷者是通过合法的网络借贷平台借款，是否还会遭受非法侵害？

值得注意的是，非法网贷本就踩着灰色的底线，在整个过程中存在恐吓、威胁、非法催收等行为，会给借贷人造成心理负担，使得借贷人担心自己及家人遭到报复。更重要的一点，类似由网贷引发的纠纷或事件，如果寻求法律途径解决，多会被归入经济纠纷范围，维权成本和周期可能会增加，而如果让借贷双方自行解决的话，又会引发其他矛盾，显然都难以破解眼前的紧迫局面。无法及时有效求助外界时，借贷者自然会走上在旁人看来较为极端的道路。

公众在看待此类现象的时候有一个误区，认为"病症"多是出在借贷者自己身上，会给出"他可以不借款"或者"他可以不通过网贷平台借款"等意见。显然，这种判断并不客观，没有了解借贷者的个体情况。非法网贷看似侵害的只是个体的利益，但我们每个人都可能成为这个"个体"。因此，我们必须从法治的角度出发，从社会安全稳定发展的层面考虑，加强对网络贷款平台的监管，加大力度整治和打击非法网络借贷，以保护每个公民的合法权益。

城市争夺人才，
不是钱"烧"得越多越好

（2018年5月5日）

发展是第一要务，人才是第一资源，创新是第一动力。中国如果不走创新驱动道路，新旧动能不能顺利转换，是不可能真正强大起来的。强起来靠创新，创新要靠人才。为此，国内多个城市纷纷出台政策吸引人才，原先还有些"安静"的南昌一出手，便是安排100亿元的人才发展经费，不可谓不强势，势必引起新一轮人才政策的"竞争"。

没有一座城市会拒绝人才，拒绝人才的城市一定会被抛弃在时代发展的车轮之后。相反，拥抱人才、吸引人才、聚集人才的城市，也必然能够获得更多的发展机会。人才政策，表面上看是一座城市渴望人才，更深层次上则体现了一座城市寻求新发展、新突破的创新精神。

"大城市机会多"，很多人都这么认为。然而大城市之所以机会多，很大程度上在于其有让人才成长的土壤，比如职业晋升环境、薪资待遇水平、户籍准入政策、创业扶持资金等。我们不应忽视的是，在争夺人才的过程中，不是钱"烧"得越多越好，而是要"烧"到位。虽然南昌安排了100亿元的人才发展经费，但是这些钱最终能否花出去？能花出去多少？这是十分关键的。还有，在人才政策执行上，未来是否会"搁浅"？也是要引起注意的。

因而，争夺人才，不仅需要金钱上的支持，还要考虑人才配偶工作、子女入学等各方面的问题，推出适当的配套政策。这样的人才政策才更有人情味，能让人才更有幸福感。令人欣慰的是，南昌已经较为充分地考虑到了这些关键点，这也为其他城市出台类似人才政策提供了一些经验。更重要的是，这释放了一个良好的信号："强烈的人才意识"将刺激更多人立志成才，形成良好的氛围。

长期以来，一线城市对人才的吸引力较大，可是人才的获得感和幸福感也在激烈的竞争环境里被相应抵消。因此，当一些二、三线城市推出十分丰厚的"人才大礼包"的时候，人才的流向不可避免地会发生一些变化。这种流向，有利于促进区域间的协调发展，缩小城市之间的差距。类似南昌这样的城市，需要更多来自社会各方面的人才帮助其发展，合适的人才政策也将推动新机遇的产生。

人才政策不能成为应景之举。我们要杜绝"雷声大雨点小"的结果，为吸引人才投入的巨大资金将用于何处，人才政策又将如何推动，必须有较为详细的规划。接下来，出台具体的人才分类目录，稳步落实人才政策，很关键。尤其对人才的具体分类是否合理、是否全面，还是要充分考虑的。结合多地的人才政策来看，各地往往更注重吸引科技创新创业人才，而忽视了对人文社科领域人才的"照顾"。其实，我们在提升"硬实力"的时候，也切不可忘了"软实力"的增长。总之，就是"要把各方面人才更好使用起来，聚天下英才而用之"。

撒钱能吸引人才，那留住人才靠什么

（2018年5月11日）

多个城市的"抢人大战"持续升级。有关专家指出，虽然众多二线城市都在积极抢夺人才，但抢到之后要留住他们，却并非仅靠地方政府大把撒钱就能实现的。当下，这些社会的中流砥柱需要有足够的发展空间，而不仅仅是一处安身立命的居所。

撒钱式"抢人"不一定能留住人才，但是没有相应待遇的支持，"抢人"一定会陷入劣势。首先明确一点，我们要争夺的是"人才"，而非人口。对于人才来说，获得感和认同感尤为重要。所以，如何让他们觉得自己受到重视，如何让他们觉得在这个地方可以大有作为，都是关键点。

对于多数人而言，金钱待遇往往意味着相应的身份认同和能力认可。"你有多大能力，你获取多大利益"这是对等的判断，并不违和。你告诉一个人，你觉得他是人才，但却不能给予足够的让其觉得自己被重视的待遇，那又如何证明你对人才的重视？

应当说，"撒钱"本就是吸引人才政策的一种。我们只能说，仅靠这种政策不一定对所有人都有效，但不能说这种方式不妥，更不能说这种方式无用。考虑到目前的社会环境，"撒钱"还是能够起到非常明显地吸引人才的作用。但如果要吸引更多高端人才并让人才能够安心留在这座城市发展,则相关的配套政策一样也不能少。

除了明确提出时间规划表安排人才发展经费外,更应花心思的是针对不同人才层次推出"一事一议",要为人才配偶就业、子女入学等方面提供配套政策。要在一个弹性空间内,尽量考虑好人才在一座城市发展所需要面对的各方面问题。

尽管"撒钱"的方式对吸引人才的确有很大作用,但这种作用还是单方面的。如果希望人才能长期留在这座城市生活,就必须了解人才的各方面需求。人才服务城市发展,城市发展不能亏待人才,这是一个互相服务共同发展的过程。如果城市把人才"落下"了,那么最终人才也将"弃城而去"。

莫用"吸引人才"的名义
变相为楼市"撑腰"

（2018年5月23日）

在应对高房价进行市场调控时，地方的一个经验是将限购政策与户籍绑定，提高购房门槛。通过购房者户籍所在地来评判购房意图是"居住"还是"炒房"，符合一定现实情况。用户籍作为限购的前置条件，在一些城市也确实能够降低楼市的热度，有利于抑制非理性的房价抬升。

只不过，目前许多城市在推出"人才政策"的时候，都把"降低落户门槛"作为一个重要的砝码。从"人才引进"的角度来看，这样做或许并无问题。但是在吸引外来人口落户本地时，"降低落户门槛"是否会造成为本地楼市"兜底"的情况发生，又是否会导致炒作房价的情况发生，这是我们需要认真思考的。

有的地方发布人才引进计划的时候，放宽了对学历型人才、资格型人才、技能型人才、创业型人才和急需型人才的落户条件。但是这个放宽条件的依据却有些不太合适，竟导致在一天时间内，便有30万人通过线上平台办理落户申请。由此也引发了舆论对于该地房价上涨的忧虑。

城市一旦在短时间内突然涌入大量人口，必然会造成城市资源紧缺，带动城市消费水平提升，增加人均支出成本。对于楼市来说亦是如此。涌入城市的大量人口显然会让市场需求膨胀，很可能会严重刺激楼市，从而造成房价的上涨。

2018年上半年，有的地方出台人才新政，就极大放宽降低落户条件：全国在校大学生仅凭学生证和身份证即可在网上办理落户手续；只要是在本地企业的员工，35岁以下可直接落户。这一政策，也为政策出台地在3个多月的时间里吸引了30多万人落户。

我们注意到，2018年以来出台相关人才政策的城市，其房地产市场持续走热，其中，甚至上演了一楼盘开盘千人"抢房"风波。一时之间，"一房难求""全款付""捆绑销售"等成为市民议论的热词。研究人员认为，这些城市出现"房荒"，与城市人口增长有着极大关系。而这样的情况在一些"降低落户门槛"的二线城市中都不同程度地存在着。

每一座城市，都应从经济发展实际看待自身对人才的需求，无论是主观上还是客观上，都不要用"吸引人才"的名义变相为楼市"撑腰"。如果"人才政策"最终导致"限购政策"破开了口子，那就等于在用"重视人才"的矛去刺"抑制高房价"的盾，是"把好经给念歪了"的典型，不利于让更多人民群众收获幸福感。必须明确，吸引人才是为了服务城市发展，给城市带来更有活力、创新、进步的前景，假使反而造成了本地的某种"恐慌情绪"，无疑是不妥的。

振兴乡村，
让"走出去"的人才"走回来"

（2018年7月1日）

每年6月左右，随着食物的匮乏，东非大草原上将出现一场声势浩大的动物迁徙景象，百万头的角马，数十万计的斑马、羚羊，不惜跋涉3000多千米奔赴新的家园。在这个过程中，它们将面临种种危险，并可能沦为狮子、猎豹、鬣狗、鳄鱼的食物。到达新家园停留几个月后，随着气候的变化，它们又将返回原来的家园。在人类社会，也有一场大迁徙，那就是大量的人口从乡村涌入城镇。目前，这种人口的流动主要是单向的。

2017年，中国的乡村常住人口为57661万人，比2016年减少1312万人。这些减少的人都去哪儿了？绝大多数是到了城市，我们周围就有很多这样的人。目前国内的流动人口有2.44亿人，这意味着在中国有一场堪比动物界大迁徙的奇特景象。人口流动在任何时代、任何国家都是正常的，但是人口流动的背后，有许多新的社会问题需要我们思考。

第一，乡村青年涌入城市后，留守儿童和老人怎么办？这样的故事并不鲜见，或是留守儿童发生溺水事故，或是留守老人独自生活困难，他们面临的问题怎么解决？谁来关心和改善这些孩子和老人的生活？

第二，随着青年的流失，乡村渐渐失去了生气，在城镇崛起的过程中，乡村慢慢走向了"消亡"。每年过年前后，随着大批城镇青年返乡，我们或多或少总能听到一些批判乡村现状的声音。乡村的"消亡"不仅是物质上的衰败，还包括精神上的"荒芜"，乡村的风俗习惯、文化传统等也面临无人继承的困境。

第三，流向大城市的乡村青年，也可能在理想与现实之间遭遇挫折。住房、就业、婚恋，让许多青年人"压力山大"，特别是对乡村青年来说，背井离乡到大城市打拼，根基薄弱，常常感受到巨大的落差。重压之下，他们有的会选择返乡，有的则仍然在挣扎中前进，寻求城市生活的"安慰"。

"良禽择木而栖"，如果乡村摘掉了贫穷、脏乱的标签，变得更加美丽和富裕，将吸引大批青年返乡。一方面，这些乡镇青年不用再饱受奔波之苦，在乡村便可立足；另一方面，他们见过世面，或有一定的致富经验和经济基础，或接触过一些先进的经营理念，再加上他们对家乡比较熟悉，有一定的人脉关系，往往能更快、更好地找准致富门路，帮助父老乡亲脱贫致富。

实现乡村振兴，任重而道远。要推动乡村振兴，必须把人力资本开发放在首要位置，强化乡村振兴人才支撑。乡村要培养发展一批人才，也要适当引入一些人才，尤其是那些从乡村走出去的青年，应该成为主要的建设力量。地方在吸引返乡人才时，需要为他们搭建好发挥价值的舞台，给予相应的政策和环境，让他们愿意回到乡村、建设乡村、发展乡村。

乡村要振兴，就要改变以往人才由农村向城市单向流动的局面，让曾经"走出去"的成功人士再"走回来"，进而推动乡村经济社会的可持续发展。

推进殡葬改革
要充分把握民情舆情防范不良倾向

（2018年8月1日）

移风易俗，推进遗体火化；治理陋俗，推进殡葬改革，有无必要？答案是肯定的。殡葬改革工作政策性强、覆盖面广、涉及千家万户、社会关注度高，是一项复杂的民生工程、系统工程。正因如此，这项工作更要做到细致，要做好宣传引导，解释政策，指出利弊，要与群众充分沟通。当前，一些地方在推进殡葬改革的时候，遇到了瓶颈，给地方带来了困扰，这是需要辩证看待的一个问题。

改革是有风险的，改革既能释放红利，也会动摇一些人的利益，但难道就因为会动摇一些人的利益，改革就不继续了吗？厚葬薄养、建造大墓豪华墓、游丧闹丧、坟墓围村等算不算社会陋习？需不需要改变？

殡葬改革动摇的利益，主要来自人们脑海里的一种固有旧俗——土葬。首先，土地资源是有限的，如果人人都要实行土葬，那么这些土地从哪里来？尤其在土葬之后，又因为涉及一些"忌讳"，周遭的区域又该如何处置？如果都选择土葬，又该去哪里找土地？长此以往，社会会呈现一个什么样子？

只要改革的方向是正确的，工作还是要继续的。有些问题不能只从当下看，也要从过去看，更要从未来看。殡葬习俗并非一成不变的。

随着时代的进步、生活的发展，人们的观念也发生了一些变化，如今人们逐渐接受火葬的形式，并已然成为一种主流。乡村青年对于火葬的态度也是较为认可的，可见，推进殡葬改革符合社会发展趋势，也是具备这个条件的。只不过，一些地方在推进殡葬改革过程中，对殡葬改革的复杂性认识不足，没有进行充分、深入的宣传引导工作，导致出现入户收集、集中拆解棺木等简单过激的做法，引起了社会广泛关注。这种问题是要批评的，但批评是为了督促工作改进。同样地，只要政策宣传到位了，处置行为符合要求，改革的锐气和勇气也是不能失的。

必须强调，殡葬改革既要积极稳步推进，又要坚决防范"一刀切""运动式"的倾向；各地党员干部要带好头，要耐心细致地做好群众工作，提高工作的针对性、有效性；对简单过激的做法，该制止的要立即制止，该纠偏的要立即纠偏。

关于殡葬改革，有的地方在具体做法中指出，要"坚持疏堵结合，强化源头管理，建立基层殡葬信息员制度，耐心做好群众思想工作，完善丧葬补助金、抚恤金等发放政策"。这个设计出发点是好的，考虑也是周全的，很多地方也是坚持这样做的，纵使有些人不解，但经过诚恳的沟通与交流后，总归能找到一种解决问题的办法。只不过有人满意，也有人会不满意，辩证看待这样一种关系，不能非此即彼般地否认改革的合理性。

目前，关于殡葬改革产生的一些舆论很不客观，通过耸人听闻的字眼挑动情绪，不仅夸大了这项工作推进过程中出现的矛盾，还否认了改革的重要性和必要性，更有甚者提出"土葬是优秀传统习俗"的论调。舆论喧嚣之下，看似很能够激起人们同感的一些论调，又有多少能够经得起推敲？虽然舆论的导向有时容易陷入极端，但是并不代表所有的舆论都是有问题的。地方在推进工作的过程中，一定要有把刀刃向内的觉悟，接受社会各界监督，尤其要用好舆论监督这个武器。

我们不否认在改革过程中可能出现一些问题，但是不能因小失大，要把握方向，掸掉"灰尘"，解决问题，稳步前进。殡葬改革是破旧俗、树新风的社会改革，是一项利国利民的好事实事。正是因为先迈开第一个步子，我们才更清楚地知道下一步怎么走，才有助于我们走得更稳妥。改革重在实践，在实践中积累的智慧是能够帮助我们更好推进改革的。所以，一些地方也要客观看待遭遇的瓶颈，要克服问题不逃避，要认真处理不气馁，要充分把握民情、舆情，要将了解的民情、舆情化为推动自身工作更好开展的动力。

为中华民族伟大复兴
培养合格的新时代建设者

（2018年10月8日）

2018年9月10日召开的全国教育大会具有里程碑意义，是我国教育事业发展进程中的一次关键会议。习近平总书记的讲话从教育工作的实际出发，联系时代背景，为新时代中国教育工作把好脉、开好药，尤其在"培养人"问题上提出了具体要求，明确了根本任务，为新形势下中国教育事业提供了明确方向。

关于培养，我认为一定要准确把握两个关键，即"培养什么人""为谁培养人"，答案的实质关系我们对教育工作的重要使命与根本任务的理解是否准确、到位。同时，我们也要牢牢把握"怎样培养人"的方式方法，这关系我们教育工作的实践改革、理论创新的具体方向。

一个时代有一个时代的主题，一代人有一代人的使命。"培养什么人""为谁培养人"是旗帜问题，教育工作者必须旗帜鲜明地对待，在这一大是大非的问题上不能含糊，一定要形成深刻认识。我们一定要牢牢扣准时代主题，准确把握"我国是中国共产党领导的社会主义国家"这一国情，必须把培养社会主义建设者和接班人作为根本任务，培养一代又一代拥护中国共产党领导和我国社会主义制度、立志为中国特色社会主义奋斗终生的有用人才，一定要"坚持把服务中华民族伟大复兴作为教育的重要使命"。

实现中华民族伟大复兴，需要社会各界人才源源不断地提供力量。我们的教育工作者必须牢记使命，明确自身责任——我们的教育工作就是培养人才的工作，要培养担当民族复兴大任、建设新时代的人才，要为"实现中华民族伟大复兴"培养人才，为社会建设和新时代发展源源不断地提供人才。因此，我们一定要紧紧围绕新时代教育工作的大方针，在"怎样培养人"的方向上下功夫，要在坚定理想信念上下功夫，要在厚植爱国主义情怀上下功夫，要在加强品德修养上下功夫，要在增长知识见识上下功夫，要在培养奋斗精神上下功夫，要在增强综合素质上下功夫，要树立健康第一的教育理念，要在学生中弘扬劳动精神，服务好伟大时代主题。

中国特色社会主义进入新时代，我国社会主要矛盾已经转化为人民日益增长的美好生活需要和不平衡不充分的发展之间的矛盾，我们的教育工作也要准确把握这一矛盾，要为人民日益增长的美好生活需要提供更多保障和支持。我们要坚持改革创新，深化教育领域的各项改革，坚持教育公平，增强教育服务创新发展能力，推动教育从规模增长向质量提升转变，促进区域、城乡和各级各类教育均衡发展，以教育现代化支撑国家现代化。

十年树木，百年树人。"培养人"的工作不好做，才更要下功夫、下气力、下心思，要好好做，往实了做。因为教育是国之大计，关乎中国亿万青少年的成长成才。如果教育工作出现了重大问题，重要使命无法履行，根本任务无法实现，青年一代丧失了蓬勃向上的锐气，那么中华民族伟大复兴的中国梦又如何实现？历史和现实都告诉我们，青年一代有理想、有本领、有担当，国家就有前途，民族就有希望。我们的教育工作，就是为中华民族伟大复兴培养合格的新时代建设者。

把好青年工作的思想关

（2018年11月27日）

习近平新时代中国特色社会主义思想是共青团员的行动指南，告诉我们眼下的路、未来的路要怎么走；习近平总书记关于青年工作的重要思想是做好青年工作的实践工具和思想武器，凝聚了共青团的使命，明确了青年"有理想、有本领、有担当"的立志方向。在具体的工作中，这都是共青团联系青年、服务青年、做好青年工作的理论支撑和指引，应该活学活用。

习近平总书记关于青年工作的重要思想是共青团深入青年、联系青年、服务青年，团结带领广大青年，做好青年工作的重要思想武器。学懂弄通习近平总书记关于青年工作的重要思想理应成为广大共青团员，尤其是共青团干部的一种觉悟，并要落实到实际工作和生活中。

习近平总书记曾在多个场合提到"青年"，鼓舞青年，他在党的十九大报告中强调："青年兴则国家兴，青年强则国家强。青年一代有理想、有本领、有担当，国家就有前途，民族就有希望。"在同团中央第十八届领导班子成员集体谈话时，习近平总书记又强调："青年一代有理想、有本领、有担当，国家就有前途，民族就有希望。代表广大青年、赢得广大青年、依靠广大青年是我们党不断从胜利走向胜利的重要保证。"

对此，我们广大青年，要找准自己在这个新时代的定位和发展方向，要树立远大理想，练就过硬本领，勇挑责任担当。广大青年应该立志成长成才。你是否会成为国家与社会需要的人才，你是否能够成为引领时代的新青年，你是否能够成为创造新时代的重要力量，其中关联性的标准不在他人，而在青年自身。在于青年能否正确把握自身命运同国家命运的关系。

"中国的未来属于青年，中华民族的未来也属于青年。"但是这个"未来"不是说说就来的。你在春天种下什么种子，你在秋天就收获什么果子。正如习近平总书记指出的："当代青年只有把人生理想融入国家和民族的事业中，才能最终成就一番事业。"因此，我们必须以更高的责任感和使命感，去要求和约束自己。我们除了要在精神上立一座信仰的丰碑，还需要用扎实的凿刻技术去不断雕琢成就其光辉。

思想引领生活。作为一名宣传思想工作者，我也一直在思考，如何让青年更有希望、更有憧憬、更有劲头地去面对生活，发愤努力，立志向上。将看起来很"虚"的工作做实，既是考验工作能力，也是考验我们对宣传思想工作的一种认识智慧。此处就不得不提到，当前思想政治工作在青年群体中遭遇了很大的瓶颈和尴尬，形式化现象严重，看起来如火如荼的活动，又有多少青年真正被感染，真正领会了精神？看起来接地气、有趣味的方法，在赢得受众接受度的同时，是否丧失了宣传思想工作的核心？我们讲要将思想政治工作贯穿高校共青团各项工作和建设的全过程、各环节，可是其中真正转化的效果有多少？因此，我们不但要贯穿，更要有效转化。

有人说大道理缺乏大市场，青年不爱听、不愿听，自然也就很难接受。这种说法有些根据，但也欠缺一些考虑，正如有的人说"小故事有小切口更有好效果"，那么是否所有的小故事都能做出大文章呢？做宣传思想工作，形式是方法，媒介是工具，但最核心的是内容。无论用什么形式、换什么工具，这个核心不能变。否则，数据上去了，受众基础扎实了，可是你宣传的思想早已背离了要求。这个工作看起来做到了99分，但差了那1分就是0分。

宣传思想工作者是传者，也是受者。如果我们不被感染，我们不曾真真切切地相信，我们无法真真实实地恪守，那么我们又如何去感染他人，让他人相信？任何问题，无论有千百种解决办法，最终都是靠人去推动的。国家的前途，民族的命运，人民的幸福，是当代中国青年必须和必将承担的重任。青年只有把握这个关系，才能更好地前进，在这个时代留下自己的足迹。时代的发展需要人才，各行各业的人才都能发挥其作用。宣传思想工作者必须明确自己的定位，把握好自己同国家的关系，为社会贡献智慧。

党员有9000多万，团员有8000多万，这能够发挥什么作用？我们党和共青团都要思考这个问题。数量上去了，质量是否保证了？在发展共产党员和共青团员时，我们是否把好了政治关、思想关、理论关？入党积极分子听党课觉得是负担，这是什么概念？这样的人成了共产党员，我们党又该将自身摆在什么位置？我认为，理想、本领、担当，应该成为当代青年立志的目标，要把理想志向转化为人生奋斗前进的动力，练就过硬本领，服务社会，勇于担当社会责任。如果青年真的有这样的觉悟，就算他们身体没入党，但是他们的心早就加入了，他们更会自觉地向共产党靠近靠拢。

有责任感的干部不是用来委屈的

（2018年11月27日）

生活中总会遇到很多琐碎事情，倘若无责任去处理，一切都该是乱糟糟的样子。我觉得，我们都应承认自己有一份责任所在，更要将责任转化为推动我们前行的动力。不只是对他人负责，更是对自己负责，这就是责任感。

当我们面对一些工作，要为一件事而四处奔波忙碌的时候，很多人都有这样的感受，好像许多事都是自己在做，许多问题都成了自己的责任。这时候，你是否会觉得烦躁？是否会不满？然而，就算再烦躁，该做的工作我们还是要做的，所以为什么不换种心态，以积极的情绪去处理，将之作为一种吃亏的"福报"来看待？不是所有的"吃亏"都是委屈，有些事也是对自己的修炼。

责任感并不都是沉重的东西，有时候也是一把打开积极情绪的钥匙。情绪会影响人们做事的结果，好的情绪就算不能把事做好，至少也很少会把事情做得更差。

责任可能是基于特定身份而来的，但是责任感绝不是别人给你带来的，而是一种发自内心的深省，是对自己的约束和要求。尤其是一些关键岗位上的同志，更要有这种自觉，更要有这种责任感。

身在关键岗位上的同志，如果没有责任感，"怕、慢、假、庸、散"，甚至侵犯人民群众的利益，这让人民如何信得过？人民群众只是信不过这些关键岗位的同志吗？当然不是，他们还会信不过这些关键岗位背后的党和政府。人民群众的想法很实在，关键岗位的这些同志就是代表你背后的单位形象，因为人民群众要找的本也就是这些单位。硬说个人的行为与单位无关，人民群众是不买账的。

身在关键岗位的干部履行职责，勇于担当，人民群众才会更信任。有的干部深扎基层，忙里忙外，浑身没有一丝官老爷气，就是真的想把自己的事做好，为地方发展贡献力量，为人民群众多做几件实事。我们不是说这样的干部一定能做出多大的事业来，但是他们能够赢得民心的支持，这就是一种成绩。

有的时候，我们的一些干部也会遭到他人的误解。网络上曾有这样一条新闻，讲的是某地公务人员在办公之时穿着休闲装，被来办事的群众拍了照片传到网上，结果被网友指责工作期间着装不得体。坏的舆论生成，当事人受到舆论攻击承受压力。最后又有种说法出来，这个同志其实是在休息期间回到单位，帮助来办事的群众处理事务的。

这种情况下，我们可能听多了要让干部"忍一忍"。用"忍"这种提法其实很不好，真正受了委屈如果提倡一直忍着，那以后整个风气就肯定变差了。我理解为，面对重要工作一定要有责任感，关键时候不被情绪左右，至少是不能撂挑子说不干就不干。而我们之所以强调责任感，是因为一些干部做的事真的太重要了。直接和人民群众的福祉相关，我们能不重视吗？

冰冻三尺非一日之寒。类似的事情还有不少，问题的根子在哪里？一些群众的不理解固然是原因，但是一些干部不作为、乱作为、恶作为给群众留下的坏印象难道就没影响了吗？遇到这样的事，我们自己要有责任感，检查自己的行为有没有问题，在人情之内、道理之中的范围，该说明白的还是要说明白的。必须强调，干部也不是用受委屈来对待的，尤其是那些有责任感的干部，我们更要了解他们的委屈，体谅他们的辛苦。

在进步发展中坚持规矩意识

（2018 年 12 月 4 日）

没有规矩不成方圆。做事有做事的规矩，做人有做人的规矩。若是我们做事做人都不讲规矩了，这事有时候肯定就很难办成了，这人有时候肯定就很难约束了。办不成的事，不受约束的人，倘若社会都是这个样子，哪里来什么秩序，更不要提有什么进步发展了。

当然，我们讲规矩还是要避免泛泛而谈，而必须从自身实际出发，谈一些真问题。我们身边可能存在这样的一类人，要你讲规矩，对自己却认为大可不必讲规矩，那我们是该讲规矩还是不该讲规矩？其实无须通过一种比较去找寻一个答案，最重要的是考虑讲规矩是否让我们更好，是否让我们所处的这个环境更好？比如在校园里，按时上课、完成作业、参加考试是规矩，学习更是大规矩，这样的规矩不好吗？

或许在执行规矩的时候，我们并非能完全接受。毕竟有些规矩就是对自己的一种约束与督促，是要求我们改变自身的一些行为，这当然会遇到一些阻力。但我们要清楚，规矩是双向约束的，既是在约束别人，也是在约束自己，告诫别人的时候，也是在告诫自己。不管别人领悟如何，自己这道关不能失守。

尤其是一些领导干部，千万不要将规矩作为一种约束他人的武器，而自己却无视规矩的要求。那样的话，规矩就不再是一种好的存在，而是一种特权身份的附庸。倘若一直这样下去，到处对人讲规矩的人却不守规矩，老老实实守规矩的人自然就会心生不满。情绪不满到一定程度，总该是要闹一闹的。所以规矩是一定要守的，不管身份如何，都应践行。

我相信，没有多少人喜欢潜规则，当然我说的是受迫于潜规则，而非利用潜规则。我们对潜规则不甚欢喜，无非因为让我们感觉到了许多的不公平，尤其当我们自己就在这个不公平的语境下的时候。可是，只知道对别人讲规矩却不知自己守规矩的人，往往却是最擅长利用潜规则的。若是人人都能讲规矩守规矩，破除潜规则也就不难了。

作为青年一代，凡事都要讲规矩的。大事有大事的规矩，小事有小事的规矩，为人处世有为人处世的规矩，特事特办也有特事特办的规矩，因此要辩证把握。规矩绝不是死气沉沉的铁链，而是活跃的、充满生机的、让人变得更好的一种力量。当然，我们还是要区分，哪些是应该有的规矩，哪些是不该有的规矩。

坏似乎也有自己的规矩。比如，有的同学我行我素，喜欢欺辱同学，违背上课秩序，动辄辱骂老师，这在我们眼中肯定是不守规矩的。只不过在他们眼里，可能却是守住了一种坏的规矩。我们要有基本的辨别能力，什么是规矩，什么是恶习，必须要区分开来。

规矩意识很重要。我们的广大青年，还是讲规矩守规矩的为多，破坏规矩搞坏规矩的为少。不过，我们还是要提醒一些人，守规矩不是一成不变，不是故步自封，不是墨守成规。如果创造新的规矩，用新的可能性替代原来的规矩会更好，那么我们依旧是可以在讲规矩守规矩的底线内完成切换的，这本就是合理的改变和发展。

建功正当时，
写好乡村振兴这篇时代大文章

（2019年3月12日）

2019年3月8日上午，中共中央总书记、国家主席、中央军委主席习近平在参加十三届全国人大二次会议河南代表团审议时指出，要把实施乡村振兴战略、做好"三农"工作放在经济社会发展全局中统筹谋划和推进。

把握历史大势，担起时代使命。中国特色社会主义进入新时代，社会的主要矛盾已经转化为人民日益增长的美好生活需要和不平衡不充分的发展之间的矛盾，根据这一新的历史方位的判断，我们要勇于担起时代使命，牢牢将人民对美好生活的向往作为我们的奋斗目标。实施乡村振兴战略、实现乡村的全面振兴，就是中国特色社会主义在新时代展开来的一幅美丽画卷，我们要写好这篇讴歌时代之美的大文章！

民心是最大的政治，振兴乡村是凝聚乡村百姓共识的"最大纽扣"。民心所向，政治之基。党的十九大作出了实施乡村振兴战略的重大决策部署，遵循这一伟大科学论断，我国乡村的发展建设迎来了巨大新机遇。建功正当时，我们不应辜负时代的重托。实施乡村振兴战略是福泽子孙后代的重要大事，是实现中华民族伟大复兴的有机组成部分，是事关亿万乡村百姓美好生活的头等愿景，我们必须以重中之重的态度去推动，在以后更要以"百尺竿头更进一步"的韧劲去不断突破！

为乡村振兴夯实基础，一定要从实际出发，解决困扰乡村发展的紧要问题。产业落后、人才凋零、文化衰弱、生态恶劣、组织溃散，这样的环境不利于乡村的发展，是乡村振兴路上的拦路石。我们可以用巧劲，但更应不遗余力地去破除这层障碍。现实问题往往更加复杂、更加艰巨，我们必须担当担当再担当、落实落实再落实，我们的工作方向就是实现产业振兴、人才振兴、文化振兴、生态振兴、组织振兴的全面振兴，我们要为了这样的乡村振兴矢志不渝奋斗、奋勇无畏前进！

实施乡村振兴战略，责任不能缺位，手段不能偏位。温饱解决了，环境变好了，产业兴旺了，青年留下来了，把生活的纽扣系好，把思想的纽扣系牢，乡村如何不能振兴？实现乡村振兴，要想人民之所想，要在关键处和乡村百姓想到一块、劲往一处使。乡村振兴是有目标、有方针、有要求的振兴，一定要扛稳粮食安全这个首要重任，一定要树牢绿色发展理念、补齐农村基础设施短板、夯实乡村治理根基、用好深化改革法宝。广大干部一定要担起肩上的责任，发扬优良的传统，采取恰当的手段，汇聚更大的智慧，以积极进取的心态投身到乡村振兴的事业中去！

人民离幸福美好生活更进一步，我们的责任使命便更重一分。"千里之行，始于足下"，越是前进，越是不能松懈。唯有走好每一步，让乡村振兴战略落到实处，产业兴旺、生态宜居、乡风文明、治理有效、生活富裕的乡村图景方能指日可待。实施乡村振兴战略，参与乡村建设工作，我们必须明确方向、行好路子、重抓落实，推动农业农村现代化，构建绿色之美的和谐乡村，让乡村摆脱过往的一些负面标签，让乡村成为人们今后向往的好去处，从而让乡村青年更有盼头、更有目标、更有干劲！

健康有序地推进政务新媒体发展

（2019年4月29日）

近来，国内某地对220多个县直机关单位、镇村等政务微信公众号停止运营，这样一则消息立刻引发一些基层干部的共鸣，认为这是一件好事，为基层减了负。减负自然是好事，不过我认为，停止运营"僵尸"账号也是为了更好地担责，便于健康有序地推进政务新媒体发展。

清理整顿政务新媒体账号，不等于政务新媒体无用。政务账号的功能自然不必多说，问题是政务账号的作用到底有没有发挥出来？政务账号重在"政务"，倘若只是有账号而无服务，有窗口而无沟通，本来政务账号可以作为百姓联系政府的一道途径，现在反而总是让老百姓吃闭门羹，这样的政务账号早就变味了，留着还有什么意义？

对于一个地方而言，开设多少个政务账号也是一个问题。政务账号不在于数量，而在于有无必要，是否精良。那些影响力有限、内容薄弱、功能重复的政务账号，很多时候非但发挥不了作用，反而分散了老百姓的聚焦点，让老百姓像"盲人摸象"一样找不到方向、分不清所以然，也让许多兼职运维政务账号的基层干部叫苦不迭。这是政务账号布局的问题，而不是政务账号本身的问题。

推进政务账号建设和服务是大势所趋，应不应该开设政务账号的关键点在于是否能够助力工作，而不是成为工作阻力。我们的政务工作最终还是要围绕人民的需求开展，所以不是所有单位的工作都需要开设政务账号，但是主要面对老百姓的政府部门在网上一定要有自己的声音。"服务为民"应该是做好政务账号初衷的那个"本"，如果人民不满意，那么这个工作就是不及格。发挥好政务账号的作用不仅有利于政务工作的推进，也有利于减轻相关部门的负担，可以应对和承担一些重要事务。因此，我们必须从更大的格局和视野去把握推进政务新媒体建设的种种好处。

"上面千条线，下面一根针"，下面减负和上面担责并不矛盾。规范政务账号发展应成为布局政务账号建设的重要考虑。规范不是限制，而是为了更好地发展。我们发展政务新媒体，一定要有边界意识，明确定位。此外，我们不妨思考，我们的政务新媒体建设是否满足了我们本职岗位的一些需求，又是否在本职岗位之外为我们的工作创造了更大的效果和成绩？如果只是"为了建设而建设，为了运维而运维"，那么政务新媒体不仅发展不起来，还一定会成为一个累赘。

积极有序推进建设数字中国拥抱新辉煌

（2019年5月9日）

　　400个数字经济重大项目，3000亿元总投资，其中200个项目已开工建设，一批项目已建成运营。这是首届数字中国建设峰会一年来取得的硕果。2019年5月6日，第二届数字中国建设峰会如期举行，相信将为下一个"数字之年"打下更深基础。正如2018年习近平总书记在贺信中所言，交流数字中国建设体会和看法，进一步凝聚共识，必将激发社会各界建设数字中国的积极性、主动性、创造性，推动信息化更好造福社会、造福人民。

　　人民对美好生活的向往，就是我们的奋斗目标。信息技术作为当代社会的一种主流，在推动经济社会发展、促进国家治理体系和治理能力现代化方面，正发挥着越来越重要的作用，有利于满足人民日益增长的美好生活需要。经测算，到2018年底，我国数字经济规模达到了31万亿元，占GDP的三分之一。数字经济不再只是一串普通的数据，而是真正走进了千家万户，成为紧密推动经济社会发展的重要助力。要建设数字中国，我们就应当"推动互联网、大数据、人工智能和实体经济深度融合，发展数字经济、共享经济，培育新增长点、形成新动能"。

　　建设数字中国，让每一个人都能成为社会的建设者。新华社曾报道，2016年8月至今，支付宝蚂蚁森林中的5亿用户已在荒漠化地区种下 1 亿棵真树。城市与荒漠，如何形成了联系？信息技术与植树造林，如何产生了共鸣？节能减排与移动端口，如何绑定了关系？数字科技正在不断地运用到百姓的生活中，为我们插上了满足想象的翅膀，在多个领域成为方便百姓生活、释放普惠的重要基础，为我们每一个人都能参与社会公益事业提供了技术支持，让我们彼此的命运更加紧密。

　　信息化驱动现代化，建设数字中国就是勾连未来。目前，我国光缆总长度已达 4358 万千米，4G 用户总数达到 11.7 亿户。网络基础建设强大，数字经济乘风扬帆正是好时机，逐浪前进、建设数字中国更是历史趋势。党的十九大描绘了决胜全面建成小康社会、开启全面建设社会主义现代化国家新征程、实现中华民族伟大复兴的宏伟蓝图，对建设网络强国、数字中国、智慧社会作出战略部署。历史向前发展，我们就要把握历史方向，拥抱"数字中国"就是拥抱新时代。

　　积极有序推进建设数字中国，要从大时代中找准定位。我们应当牢记习近平总书记的重要指示，加快数字中国建设，就是要适应我国发展新的历史方位，全面贯彻新发展理念，以信息化培育新动能，用新动能推动新发展，以新发展创造新辉煌。

让乡村在振兴中走向富裕，关键在发展产业

（2019年5月26日）

  做好脱贫攻坚工作，让乡村在振兴中走向富裕，关键在发展产业。乡村要打破贫困的魔咒，离不开产业的发展。很多时候，一个产业能够带动一个乡村的崛起，在激发乡村发展活力的同时，也会阻断贫困代际传播的基因。发展产业是实现脱贫的根本之策。产业扶贫是扶贫开发工作的核心。在以产业发展为杠杆的扶贫开发过程中，我们要努力促进乡村同贫困个体的协同发展。

  布局和培育合适的产业，应把好"因地制宜"的脉搏，不同的病要开不同的药。为此，要做好对乡村的调研工作。靠山吃山，靠水吃水。我们在向大自然索取的时候，也别忘了我们是在与大自然为邻。乡村产业好不好，还要看这个产业到底可不可持续、对乡村环境是不是友好，要知道，"绿水青山就是金山银山"。

  产业发展要有特色，结合特色，乡村发展才会更有优势。以江西为例，绿色就是江西最大的特色。江西现有林地面积1079.9万公顷，占全省国土总面积的64.69%，森林覆盖率达63.1%；湿地面积91.01万公顷，占全省国土总面积的5.45%。庐山、婺源、三清山、井冈山、鄱阳湖、武功山、龙虎山、仙女湖等一张张江西名片，更是享誉国内外。得天独厚的自然、人文、历史条件赋予了江西休闲农业和乡村旅

游的特殊优势，并逐渐发展为经济优势。如果能进一步打通信息渠道和零售渠道，在巨大的市场需求面前，丰富的农林渔业产品将为江西经济发展增添更多动力。

　　推动产业发展提质增效，需要先进的生产技术和市场经营方式。当前，我国经济正在从高速增长向高质量发展迈进，人民对美好生活的向往，不断拓宽着乡村的发展空间。先进的生产技术和市场经营方式是推动乡村摆脱贫困、走向富裕的重要抓手。精准布局产业发展，利用先进生产技术的优势不断挖掘乡村的发展潜力，配合市场导向为产业发展提供客观支持，每一环节都需要紧密相扣，从而为乡村发展提供内生动力，真正实现从"输血"到"造血"的蜕变。近年来，很多地方在融合乡村特色基础上，从生产技术、市场经营方式等方面进行了大量有益探索，生态农业、农村电商、特色种养、乡村旅游等新兴产业方兴未艾。

　　产业兴旺是巩固脱贫成果的重要保障，乡村振兴更要靠产业发展带动前进。为了进一步提高广大农民的生活水平，我们要推动乡村产业振兴，紧紧围绕发展现代农业，围绕农村第一、二、三产业融合发展，构建乡村产业体系，实现产业兴旺。正如习近平总书记所强调的那样，把产业发展落到促进农民增收上来，全力以赴消除农村贫困，推动乡村生活富裕。

守护民族的未来，
助力少年儿童健康成长

（2019年6月1日）

少年儿童是祖国的花朵，是中华民族的未来和希望。关心和守护少年儿童的成长，是事关民族传承、国家发展、社会进步的大事。党和政府始终关心各族少年儿童，历来重视对少年儿童的教育和培养，历来重视对少年儿童的服务和保护，历来重视少年儿童的健康成长。

要培育社会主义事业合格建设者和可靠接班人，就不能忽视少年儿童这个群体。我们要团结、教育、引导好少年儿童，号召他们从小立大志，要热爱党、热爱祖国、热爱人民。

一代人有一代人的使命，一代人有一代人的长征。少年儿童年纪虽小，担子却不轻。中华民族的伟大复兴，中华人民共和国的伟大繁荣，中国共产党的伟大传承，需要不断补充新鲜血液来保持活力和发展。我们要帮助少年儿童努力成长为有知识、有品德、有作为的新一代建设者，为实现中华民族伟大复兴的中国梦贡献力量。

少年儿童是今日的被服务者和被引导者，也是明日的服务社会者和引领社会者。因此，提高政治站位审视少年儿童在历史进程中的特殊地位尤为重要。我们要客观看待人在不同时期的成长轨迹，辩证分析不同时期人的精神状态、思想觉悟、行为方式。面对祖国的新生一代，我们要将教育引导工作贯穿于他们的童年和少年时期。要相信，少年儿童终将会成长为担负起历史重任的青春一代、奋斗一代、成功一代。

少年儿童的健康成长和美好未来需要全社会的关心和支持。中国有将近3亿未成年人，少年儿童工作仍然面临着一系列困难和挑战，在思想道德、教育、健康、社会融入与社会参与、维护合法权益、预防违法犯罪、社会保障等领域，仍然有不少地方尚未实现有效覆盖。我们还需要投入更多的精力，协调更广泛的社会力量来参与少年儿童工作。特别是维护孤弃儿童、困境儿童、留守儿童等的合法权益，帮助他们健康成长，引导他们顺利成为社会主义合格建设者和可靠接班人，这些都离不开社会各方力量的共同努力。

在实现"两个一百年"奋斗目标、实现中华民族伟大复兴中国梦的宏伟征程中，我们不仅要无畏向前，也要时刻关爱后方那些还在茁壮成长的少年儿童。他们感受到爱和温暖，长大后便能给这个社会带来爱和温暖；他们健康成长，长大后便能推动这个社会健康发展。

宣讲时代好故事　唤醒青年大力量

（2019年8月28日）

　　做好宣讲工作，一定要准确把握"讲什么""怎么讲""为谁讲"这三个问题，这其实同"培养什么样的人""怎样培养人""为谁培养人"存在内在联系和共同目标。讲好中国故事、传播中国声音、弘扬中国精神、坚定中国自信，增强我们党的青年政治基础，引领凝聚青年拥抱新时代、奋进新时代，培养社会主义合格建设者和可靠接班人，应当成为我们宣讲者的初心。

　　比起"怎么讲""为谁讲"，"讲什么"是最重要最根本的任务和标准。我们要聚焦学习宣传贯彻习近平新时代中国特色社会主义思想和党的十九大精神，结合不同领域青年人的关注和需求，形成大宣讲、大学习、大联合的氛围。

　　宣讲是一对多的宣讲，要注重实际转化。我们需要有形覆盖，但我们更需要有效覆盖，要实现从有形到有效的真正转化，鼓舞青年、激励青年、帮助青年成长为担当中华民族伟大复兴的时代新人，号召青年将个人之小我融入国家民族之大我、将个人之前途融入国家民族之事业，这就要求我们对青年要有更充分的调研和了解，要唤醒而不是灌输式地去宣讲思想。

　　历史是鲜活的宣讲者，要让宣讲入脑入心，可以从历史故事取材。我曾沿着南昌起义部队转移的路线南下抚州，两次沿着秋收起义路线走访了宜春、萍乡，三次走进赣南原中央苏区再走长征路，四次登上井冈山。不得不说，江西是一个有故事的地方，这里开启了中国共产党局部治国理政的伟大探索，这里打响了中国共产党独立领导革命战争、创建人民军队和打响武装夺取政权的第一枪，这里是中国共产党早期领导工人运动的策源地，这里是井冈山精神的发源地，这里是中国共产党在危难之际决定长征的出发地。

宣讲者要牢记，我们是要服务青年、团结青年跟党走，我们有必要答好"中国共产党为什么能"这个时代之问。从建党之初的几十人到现在9000多万党员，中国共产党从势单力薄的小党成长为屹立世界之巅的大党，我们依靠的是什么力量？对于当下的青年而言，体会和理解这种力量具有重大的意义。

历史和现实充分证明，"只有中国共产党才能救中国""没有中国共产党就没有新中国"。在伟大长征的那段岁月，我们的红军将士同敌人进行了600余次战役战斗，跨越近百条江河，攀越40余座高山险峰，其中海拔4000米以上的雪山就有20余座，平均每过300米就有一位红军战士倒下……你可能并不知道，平均每过600米，倒下的红军战士就有一位是来自江西的瑞金或者兴国。中国共产党领导的人民军队面对的前方何其困难，可依旧坚持下来并取得了伟大胜利。探寻历史，我们能够找到回答时代之问的那把钥匙。

宣讲要有大格局，要尤为注重在党员青年、团员青年群体中加强"初心使命"教育。一切为了人民，才能真正代表人民、赢得人民、依靠人民，我们要传播"中国共产党始终代表中国最广大人民的根本利益"这一思想，加强引导广大党员青年、团员青年的理想信念，始终坚持中国共产党的领导，在实现"两个一百年"奋斗目标、实现中华民族伟大复兴中国梦的新长征上，谱写青春壮丽篇章。

当世界需要一个英雄，他们把目光朝向了中国

（2020年3月19日）

"欧洲团结是不存在的，写在纸上的不过是童话罢了。今天我寄了一封信，我们对于在困境中唯一能提供帮助的人期望很高，那就是中国。我们请求中国提供一切帮助，我们甚至请求他们派医护人员来。"当地时间2020年3月15日20时，塞尔维亚总统武契奇发表电视讲话，宣布塞尔维亚当即进入紧急状态，他向中国求援抗击新冠肺炎疫情，并强调，困难来临时，唯一会向塞尔维亚伸出援助之手的只有中国。

一场新冠肺炎疫情成了2020年全世界的共同记忆，说出来有些让人不敢置信。

目前，中国的疫情正在慢慢过去，但除中国以外的全球疫情反而像是刚刚开始。当中国政府以责任和担当基本控制好一个14亿多人口国家的疫情时，中国政府并没有停下自己的脚步。面对世界其他国家的求助，中国政府并没有吝啬，而是以真诚分享的态度为世界提供中国防控疫情的经验和方案。

（一）

除了塞尔维亚，2020年3月15日当天，西班牙外交大臣冈萨雷斯也通过电话向中方求援，希望中方能向西班牙提供医疗物资支持，

愿同中方举行两国医疗专家视频会议，学习中方抗疫经验。

菲律宾外长洛钦也表示，希望中方伸出援手，并积极考虑向菲律宾派遣医疗专家。

2020年2月29日凌晨，由上海专家组成的中国红十字会志愿专家团队一行5人抵达伊朗首都德黑兰，帮助伊朗共同抗击新冠肺炎疫情。

2020年3月7日下午，中国红十字会总会派遣志愿专家团队一行7人，携带医疗用品、设备和救援物资支援伊拉克防控新冠肺炎疫情。专家团队的成员全部来自广州医科大学附属第一医院。此外，广东省多家权威机构人员还组成了志愿服务专家队，一同支援伊拉克。

2020年3月9日，江苏省苏州大学附属第二医院医疗队集结，紧急驰援巴基斯坦。

2020年3月13日，四川大学华西医院、四川省疾控中心等地的专家及医护人员组成志愿专家团队，一行9人携带了31吨医疗物资抵达意大利，援助其新冠肺炎疫情防控工作。

从国内一个省份定点支援湖北一个地区，到网络上一直在说的国内一个省份定点支援一个国家，让人感慨万千。

在疫情发生的过去一个多月里，中国政府以责任和担当赢得了国内民众的支持和信任。目前，中国政府又将以这种特殊的责任和担当赢得世界人民的信任和尊重。

虽然在疫情防控的初期，中国个别地方政府在处理和应对上有所不妥，但是面对新型冠状病毒这一此前从未被发现的病毒，当中国意识到它的危险性的时候，中国立刻采取了紧急有效的措施。中国特色社会主义制度的优越性在实践中一再被验证，最终中国逐渐控制住了这场疫情。这种态度和经验，都是非常宝贵的。

（二）

不要忘记，在这种特殊时期，依旧有能力统筹协调医疗队伍，分批支援不同国家，这正是中国特色社会主义制度优越性的表现。

与此同时，我们也不得不提到西方一些媒体对于我们国家的态度转变。过去一段时间，当中国的疫情还处于比较高风险的时候，恰好也是西方一些媒体对中国的攻击和抹黑最为猛烈的时候。对此，中国是怎么做的？中国政府扛住了国际舆论的压力，始终把人民群众的生命安全和身体健康放在第一位，以实际行动回应了那些抹黑和攻击。

如今，当中国的疫情基本得到控制的时候，当除中国以外全球疫情正在蔓延的时候，西方一些媒体的傲慢和偏见也开始站不住脚了。更为重要的一点是，中国无私援助世界其他国家这一壮举，正在不断凝聚和获得世界人民的支持。

2020年3月16日，意大利贝加莫省的一名市长为自己曾在美国社交网站"脸书"上发表辱华的歧视言论公开道歉。他说，自己当时被假新闻及视频蒙骗，表示很后悔也很羞愧："我想为我的行为向你们说对不起。"

我们要相信，温暖的人心是相通的。一个人只要还有良心，就会知恩图报，就难以对曾经真诚帮助过他的人恶语相向。不要忘记，中国目前仍然是新冠肺炎疫情最大的受害国，在这种特殊困难的情况下，中国依旧选择了帮助世界上的其他国家，而不是坐视不管，单凭这一点，中国就是值得尊敬的。

（三）

面对新冠肺炎疫情，我们是该迎难而上，还是自暴自弃？是该正视问题解决问题，还是发现问题逃避问题？

2020年3月12日，英国首相鲍里斯·约翰逊宣布了英国政府的防疫政策为"群体免疫"。英国首席科学顾问帕特里克·瓦朗斯爵士接受媒体采访时表示，目前采取的政策中，包括需要约60%英国人感染轻症新冠肺炎，来获得群体免疫，从而达到保护全体英国人的目的。

   英国首相在2020年3月12日的疫情发布会上还说了这样一句话："我必须告知英国公众，更多的家庭得做好失去所爱之人的准备。"

   你知道群体免疫需要的感染比例是多少吗？有专家说需要60%到80%左右。英国的人口按6600万计算，那就至少需要3960万人感染新冠肺炎。按世卫组织定的全球新冠肺炎3.4%的死亡率计算，英国政府这是在打算牺牲134.64万人的生命来获得群体免疫。

   我必须强调，他们是人命，而不只是数字！遇到问题该不该解决？没想到这种问题，竟也真的成了问题。

   在中国，人命是天大的事情。中国共产党的初心和使命就是"为中国人民谋幸福，为中华民族谋复兴"，会在尊重民意凝聚民心的基础上，不断发挥巨大的历史作用。所以在中国是绝不可能出现面对大灾大难还坐以待毙的情况，因为中国人民不允许，中国政府不允许，中国共产党更不会允许！

（四）

   "全心全意为人民服务"是我们党的宗旨。所以在过去以及现在乃至未来，倘若在中国出现了类似英国官员口中所谓的"群体免疫"论调，那是必然要引起民众口诛笔伐的，而绝不是还有人对这种行为心安理得地选择接受和辩解。

   什么是有作为？什么是无作为？其实在全世界人民群众的心里，都有一杆秤。这里，我想讲一讲外国民众目前对中国的态度。

   2020年3月12日晚，中国政府派出的抗疫医疗专家组携医疗物资抵达罗马后，便立即投入到紧张的工作中。意大利红十字会主席罗卡表示，中国的医疗专家组是第一批抵达意大利的国际援助者，中国的表现十分慷慨，让人感动。

意大利发行量第二大的《共和国报》也以特殊方式向这支专家队伍表示了欢迎，他们更换了自己推特、脸书等社交账号上的背景图，换成了一张在武汉参加救治工作的医护人员结束工作时，靠在一起休息的照片。

许多意大利网友来到中国使馆的官方脸书主页，纷纷留言"Grazie"（意为"谢谢"），发出红心向中国人民表达谢意。意大利罗马的街头甚至响起中国国歌《义勇军进行曲》。

2020年3月14日傍晚，当《义勇军进行曲》从罗马A线地铁站附近的小区传出时，有人大声高喊感谢中国，周围居民纷纷用热烈的掌声表达着自己的谢意，场面十分动人。

为感谢中国援助意大利，意大利那不勒斯女孩奥罗拉还画了一幅画，画上中国医护正帮着意大利医护撑着自己的国家。她说，"这幅画献给护士、医生及那些从中国来帮助我们的人。希望战斗在第一线的他们能够看到"。

（五）

或许，曾经有人会出于某些原因不喜欢你，但是只要你真诚以待，有所担当和作为，我相信是能够抵消和改变人们这种偏见的。

疫情刚发生时，全球都在看中国。当中国的疫情基本控制住，而除中国以外的其他国家的疫情不断暴发的时候，全世界又再一次不约而同地把目光朝向了中国，只是这一次的目光里多了许多的期待和期望——大家需要一个英雄。

读懂这一目光背后的特殊含义，也能让我们更加深刻体会中国特色社会主义制度的优越性。正如塞尔维亚总统武契奇说的："我们对于在困境中唯一能够提供帮助的人期望很高，那就是中国。"身为中国人，你明白我们国家在世界的分量了吗？

新冠肺炎疫情的发生再次表明，人类是一个休戚与共的命运共同体。希望大家能够携手共进，在这场抗击疫情的斗争中勇于担当，创造无愧于时代的人生。

育英观语

上游之志

谈政时言

· 世俗见论 ·

杂说相音

网络审判不该成为一种另类特权

（2013 年 12 月 17 日）

2013 年 12 月 3 日晚，广东陆丰，不堪舆论压力的高三女生琪琪跳河自杀。据警方通报，琪琪曾于前一天到一服装店购物，之后不久因被疑偷窃，其购物时的监控视频截图和"人肉偷衣女生"的配文被店主发布到网上。很快，琪琪的个人信息，包括姓名、所在学校、家庭住址和照片被曝光。随之，针对琪琪的网络暴力开始出现，一条鲜活的生命在网民的群起辱骂声中凋零枯萎。

生而为人应获得基本的尊严，他人的过错绝不是我们犯错的理由，更不是我们侵犯他人权益的借口，因为他人依旧享有法律所赋予其的相应权利。一个高三女生正值花季年华却不堪摧残最终凋零，而在她走向死亡的过程中，那些透露其隐私肆意对其谩骂侮辱的人都是凶手，他们的罪过在于侵犯他人隐私、侮辱诋毁他人人格、践踏狠踩他人生活。一个柔弱女生成了社会公众发泄自我粗俗糟粕的垃圾场，等到垃圾堆满在女孩的肩上坍塌的时刻，这些围观的群众都一哄而散了，就好像从未发生过什么一样。留给我们的现实是，世界依然存在，生活依然继续，罪恶依然继续，然而他们都早已变成了凶狠冷漠的杀手。

从 2008 年网络侵权第一大公案"死亡博客"事件，到 2009 年"央视实习生"事件，再到今天的"女生投河"案，因为网络暴力横行，近年来催生的对当事人精神伤害的事例数不胜数。那么是谁给了网民们"审判权"的呢？答案是没有，从来没有。没有任何一部法律任何一条规定中言明，网民们有动用网络"特权"私自审判某人的权力。那么又是什么促使网民们去追风盲从地对一个女生进行语言上的强迫猛打？我以为这是自卑使然的选择。人们对于同一个事物的价值认定和情感表达大多不会雷同，但是人性中对于财富、权势等具有共同价值取向的东西则充满强烈的贪欲需求，而网络平台的自由性则给了他们一种高高在上凌驾他人头顶的飘飘然感觉。

社会维稳、社会发展、社会统筹等工作需要一部分特定的人群去担当要职。为了让其能更好地完成自身的任务，社会赋予了其特定的权力，这种权力是建立在其履行义务职责的基础上，而并非天上掉馅饼的无功之禄。但是，"当局者清，旁观者迷"，在这种特权的光环下投来的往往是那些羡慕的、嫉妒的、暗恨的眼光和无来由之恨。"为什么不一样"成了大部分没有思想信念的群体的内心质问。为什么收入不一样，为什么生活不一样，为什么优秀不一样，类似的"不一样"说明的正是一种自然选择的生存法则，即比较心理的成就感对满足自我生存感的一种支持。

正是因为弱者求强、同强求优的"特权意识"才使得有特权的人容易滥用特权，没特权的人更容易迷恋特权。那么特权就该消失吗？绝无可能。在人的自觉性还未达至"天下大同、万事为公"的境界时，特权就成了一种人人可比之人权，成为想要追逐的存在。

对于网民来说，想得而不能得社会特权的时候，网络审判就成了一种另类特权。因此，网络特权也就化作盛夏雨露，成了滋长他们内心贪婪的甘霖。尤其当18岁少女跳河自尽后，网民们纷纷掉转枪头指向涉事服装店店主并在其微博页面留下大量低俗不堪的言语，这种权力的释放意识及渴望是多么强烈啊！我不得不为之愤怒，我们民族的脊梁什么时候变得如此谄媚？不管网民们是以何种心态改变攻击对象的，但是语言暴力的本质是依然存在的事实。不管网民们"审判"得多么大义凛然、多么愤世嫉俗，都改变不了这些都是谄媚之举的本质，即向社会谄媚、向主流谄媚、向罪恶谄媚。

冤假错案是法治社会的敌人

（2015年2月12日）

冤假错案的出现，是一种特殊的现象，其本质是对法治社会的抹黑，是对法治精神的侮辱，是对我们切身利益的践踏和对我们寻求正义权利的剥夺。正视这种抹黑，拒绝这种侮辱，保护我们的利益，守住法律的底线，坚持法治的精神，追求正义的行为，是我们应该做的基础工作，也是我们法治思维里必须形成的一种标准价值。因此，杜绝冤假错案的发生，无疑就显得十分重要了，这关系我们的"法治民主、法治正义、法治公平"。

冤假错案的出现，会对我们的社会造成十分恶劣的负面影响，会弱化我们对法律权威性的认同，会淡化我们对政府权威性的认识，会给人们留下"法律不作为"的印象。这种印象的形成，本身就是对法治社会的质疑，是对法律是否真的能保障社会和谐发展的质问。事实上，从怀疑"法律没有用处"到笃定认为"法律只能保护一部分特殊人群的利益"的过程，恰恰就是社会内部矛盾积累爆发的预兆，其结果不言而喻——社会的内乱和无序。

冤假错案的出现，反映了有关部门浮躁的办案心态，为了所谓的破案率，为了所谓的上升机会，对案件只求早日完结，怎么能够全身心地投入到调查取证再论证的过程？尤其背负重罪指控的当事人若是因为办案人员的"疏忽大意"，因为审判人员的"视而不见"，其结果

·世俗见论· 173

是难以想象的。我们不能忽略案件中的每一个细节，一旦存疑就不该草率结案，这是对法治精神的基本尊重。

虽然，诸如"念斌案""呼格案"这一类冤案都有真相大白的一天，但是维护正义的成本着实昂贵，一个公正的结果来得太迟，也太慢，对陷入冤案旋涡的当事人及其家庭而言，冤假错案带来了永远无法弥补的伤害。数年的煎熬等待，一次复一次的失望而归，周遭投来的异样目光，没有希望地一直坚持着……这些说来倒是让人心生怜悯，可是另一些人却早早枉死在不公正的审判下，被结束了宝贵的生命，这是一个完善的法治社会绝不应该允许出现的。

每一件冤假错案的被披露和被及早纠正，我们就多维护了一份法律的尊严。但我们看不到的冤假错案更需要引起我们的思考，也许在哪个角落，正有人经受着不公正的对待，正有人将保护社会和谐发展的法律变成激化社会矛盾的毒器，这不得不引起我们重视。所谓"千里之堤，溃于蚁穴"，我们要时刻盯着法治的长堤，对任何有损有害于法治社会建设的行为说不，并要及时干涉和更正。

如何避免发生冤假错案？在任何一个国家，没有哪套司法体系敢保证能够百分之百地避免冤假错案的发生。但是，在一个制度健全的法治社会，我们应该尽可能避免出现因其而导致的难以挽回的结果。我认为，普及一种自我批评的"法治自省"精神尤为重要。这种"自省"源于我们这个法治社会里个人与集体的责任感和荣誉感，是我们对社会越来越好的愿景，从思想上规范了我们对待案件的情绪和态度。

毫无疑问，冤假错案是法治社会的敌人。那我们该如何消灭这个敌人？具体到行为上，一方面，社会公众要主动地去监督有关案件查办过程，政府也要面向社会公众释放部分权力，做到让权于民；另一方面，相关案件经办人要认真办案，若是造成冤假错案的，则相关责任人和单位应被惩戒，追究到底。审判别人的人也有被人审判的可能，才会彰显法治社会的公正。要让处理案件的人清楚,角色和身份是可以互换的,今天别人遭受不公正对待,他日就可能是自己遭受不公正对待。只有加深对自身责任感的认识,才有可能刹住冤假错案的邪风。

当我们老了,还有人敢扶吗

(2015年9月24日)

一种社会风气很不好,甚至可以说很恶劣。

近年来由媒体推动的"扶老人会被讹"的思想认识如一颗毒瘤深扎公众心底。我问过一些青年人同样的问题:"如果你看到了老人摔倒,会扶吗?"统一回复:"不会!"如果再和他们细聊,他们表示:"如果在自己家那边,都是认识的街坊邻里,自然会扶。如果到了异地,人生地不熟,扶了万一被讹那多心寒!"

"不是老人变坏了,而是坏人变老了"成了人们对那些"摔倒老人"的印象,各种负面情绪的段子更是在网络舆论场中甚嚣尘上。我们可以想一下,当扶老人成为一件"刺激"的事情,那么社会该变成什么样子?

我曾经在微博上看到,有人用"今天好刺激啊,我去扶了一个摔倒老人"的娱乐化视角去给老人贴标签,并引起了大多数人的"共鸣"。这种诙谐幽默的方式,其实也反映了我们社会的某种阴暗心理。真不知道,当我们老了的时候,万一哪天就倒在了路上,还会有人去扶我们吗?

其实,这种错误舆论导向的根源就是著名的"南京彭宇案"。2006年,南京小伙彭宇和徐老太发生纠纷。在法院审判中,彭宇声称自己是做好事反被诬陷,一审被判向徐老太赔付损失4万多元,一时间舆论认为法院错判。2012年，事实被披露，彭宇承认撞人。

如果你当时关注了"南京彭宇案"，或许你能得到很大的启示。在媒体的推波助澜下，几乎所有的舆论导向都在指责徐老太。一些网民更是"义愤填膺"地跑到徐老太家门口去泼粪，骚扰徐老太一家人。网民都认为自己是正义的化身，要站在道德制高点将徐老太一家人批得体无完肤才算是"为民除害"。一群网民都好像自己就是目击证人一般，给徐老太各种栽赃污蔑。也许你不知道的是，徐老太并没有坚持到真相水落石出的那天，便已经病逝。晚年抑郁，多次搬家，生活极惨。

还有一些网民，认定了自己坚持的"真相"，不仅在网络上攻击他们认为的"坏人"，更会去"骚扰"那些号召大家理性看待事件的人。最终，恶风气越长越盛，好声音不敢出口。

当新闻离事实差距甚远时，当真相被埋于喧嚣时，当舆论成为攻击的武器时，我的内心是悲凉的。我们，每一个参与其中的网民，不管是记者还是学生，我们都该有一种责任感和使命感，去扶正社会风气，号召大家理性、客观、冷静地看待问题。

舆论怪象不曾断绝。前段时间，安徽一个大学生扶摔倒老人称被讹，经媒体放大传播，对摔倒老人的家庭造成了巨大的困扰。网络上立刻出现了针对老人的谩骂和侮辱。不过警方经过多方调查取证，认定这是一起交通事故，女大学生与老人相互有接触，女大学生承担主要责任，老人承担次要责任。

当我们老了，还有人敢扶吗？这是我问自己的问题，也是我问大家的问题。当我们在指责老人"越来越坏"的时候，不要忘记，我们也会老的，也终会遇到我们目前批判的事。让舆论的嘈杂之音散去，让一切回归本真，或许才是解决之法。建立在客观分析的基础上，不要轻易做舆论审判和事实认定，不能僭越法官与警察的职权，这点很重要。

　　凡事皆有因果。今天，如果你不站出来为那些忍受不公的人发声，那么当你遭受委屈的时候，也不会有人为你站台。今天，如果你不扶起摔倒的老人，那么当你老了的时候，也不会有人扶起摔倒的你。

　　当我们老了，我不希望人人离之、惧之、躲之。不是老人变坏了，也不是坏人变老了，而是我们目前的舆论环境把老人"变坏"了，是我们亲手把坏人"变老了"。我们应该反思，应该从中汲取教训，不要对新闻报道的那些未经证实的信息过早下结论，不要被刺激性的标题所误导，跟帖要文明，发声要阳光，不能因为你心中阴暗，便要舆论场迎合你的情绪。

　　我并不回避人类本性中的一些恶念，只不过我们应该学会克服这些恶念，把那些我们所认同的具备共识基础的人性之善发扬光大。等到我们老了的时候，当我们遭遇困难的时候，便能够得到周边人的帮助和温暖。

请不要这样抹黑中国

（2016年1月27日）

　　在狂风暴雪影响下，韩国济州机场自2016年1月24日起至当地时间25日早上9时的航班升降全面停顿，连日有逾6万人次旅客滞留。根据网民爆料和媒体报道，中国游客没有受到合理的安置。

　　一名经历济州岛滞留事件的游客（只不过他当时被滞留在中国香港机场）投诉反映，航空公司和旅行社互推责任，他们没有得到安置，没有水没有食物，不让走不让取行李，被变相软禁在机场，更可恶的是同机的外籍游客却能得到安置。可想而知，远在韩国机场的中国游客，会遭遇怎样的对待。

　　一名滞留在机场的中国游客不得已用几十元购买"一文不值"的纸皮供患病的母亲躺下，犹如露宿者。其中，"防寒物资优先发给韩国人"这一细节被媒体刻意忽视，中国媒体反倒是抓住了"一名中国游客在航空公司的柜位掷椅子泄愤"这一细节，进行狂轰滥炸式的"中国道德崩坏论"的舆论误导。

　　难道就没有人想问，那名游客为什么掷椅子吗？有人反映说是因为有韩国人把他儿子推倒在地，所以他才如此气愤。不管这种说法是否属实，我们的媒体难道就没有义务进行深入的了解吗？中国游客滞留在韩国机场，得不到应有的尊重和安置，忍受在异国遭受的寒冷和侮辱，国内媒体对此却置若罔闻，怎能不让人心寒？

寒潮之外的冷意，莫过于来自国内媒体的污蔑与嘲讽。中国媒体纷纷用"中国旅客大闹韩国机场"的唬人标题抹黑中国人的形象，间接引起不知真相的国人对自身的不认同感，以及诱使国人对"中国游客"这块牌子愈加嫌弃和抵制。我们不禁要问，外国的月亮当真圆？中国人当真不如外国人？凡出"有机会"的新闻，为何总见媒体"黑"中国人？媒体极力妖魔化中国人的形象，这难道不是在抹黑中国吗？

犹记得 2015 年，凤凰卫视的记者制造假新闻，说中国老太在日本碰瓷，当时国内多少媒体附庸跟风？有多少媒体和网民摇旗呐喊，要对老太进行道德审判？当时掌握舆论传播渠道的平台，又何尝不是任由这股歪风肆虐？任由网民对中国老太的批评上升到对中国的批判。倒是真相水落石出之后，一些媒体却集体失忆，反倒不记得彼此之间的道德瑕疵。该道歉的没道歉，为之开脱辩解的媒体倒是一堆。这又何尝不是一种悲剧呢？

一些媒体，好似从批判国人的"快乐"中更能够凸显自身的权威和道德感，可是他们却从来不对自己做一个恰当的道德审视，只知道从别人身上放大缺点，乃至于嫁接矛盾，制造新闻。吸引眼球只是一回事，更为重要的是，那些掌控媒体传播渠道的人是真的想要毁了中国人的形象，想要毁了中国。

当我们对同胞产生一种轻蔑态度的时候，当我们遂了"有心人"的意去胡乱指责同胞的时候，当无论是指责的人还是被指责的人都让我们觉得羞于与之为同胞的时候，还有比这更为彻底的思想价值的颠覆吗？我经常能够听到一些人说，爱不爱国和我有什么关系，有没有正义感那又怎么样，爱国家又不需要爱政府……这难道不是我们对国家对社会的认同感丧失后的表现吗？

现在的很多人都喜欢去给别人贴负面标签，其实这也是十几年来媒体给公众"洗脑"后的"成绩"之一。就像媒体喜欢给中国游客贴上各种负面标签一样，许多人也一股脑儿地开始给一些民族英雄贴上了污秽的标签。当我们心中丧失了对伟人的敬畏之心，失去了对英雄的崇尚之情，只需要几个标签，我们就可以将他们的伟大化为粗俗。这是来自信仰上的颠覆，是对民族和国家的丑化，是狂妄的历史虚无主义在作祟。

媒体，请不要这样抹黑中国。媒体本该带来更多的有利于国家发展、有利于社会团结、有利于人民启智的能量，而不是去诋毁我们的同胞，去侮辱我们同胞的尊严，去破坏中国社会的凝聚力。

接近真实的中国
才更有资格去评论中国

（2016年6月7日）

在 2016 年 6 月 1 日的记者会上，中国外交部部长王毅就加拿大记者发表不负责任的言论进行强势回应。该事件也迅速成了国际热点，在国内出现了好坏均有的评价声音。在国外，诸如《华盛顿邮报》、《纽约时报》、《英国卫报》、美国之音、英国 BBC 和法广网等在内的众多西方媒体则纷纷对此事进行了报道，在指责"王毅发飙"的同时，也冷处理了记者发表不负责任言论这一问题。

必须予以指出，一个不了解中国国情的记者用颠倒黑白的信息作为所谓"事实"的基础，已然违背了新闻职业的专业操守和道德底线。而后又以"非事实"的信息作为尖锐批评的由头，更是毫无道理可言。

在当天的记者会上，网络媒体 IPolitics 的记者问王毅有关人权的问题，也提到因窃取情报遭中国逮捕的加拿大人凯文·高，借机发难，指责中国人权问题。原来在 2016 年 1 月，加拿大公民凯文·高因涉嫌非法刺探、窃取国家秘密罪，已由辽宁省丹东市人民检察院向丹东市中级人民法院提起公诉。有关部门在办案过程中还发现，凯文·高涉嫌接受加拿大间谍情报机关任务，在华从事情报搜集活动的线索。

什么是人权？中国维护中国的国家利益和人民利益，就成了不讲人权？一个新闻记者，不尊重新闻事实，不以自己国家公民侵犯别国权益、无视他国人权、违背他国法律法规为耻，竟然还堂而皇之地质问和指责起中国的人权有问题，这难道是正义的？这不是傲慢是什么？这不是偏见是什么？从什么时候开始，中国的人权是要通过保护在中国犯罪的外国公民来证明的？从什么时候开始，一个外国记者可以变相地要求中国服软和跪地了？

很多西方媒体喜欢拿中国的"人权状况"说事，可是反过来看他们自己的国家，人权问题不严重吗？我们要关注的重点和重心应该是如何改善人权状况，而不是偷换概念玩"两套话语体系"下的阴谋与污蔑。问问西方一些国家，如果有人刺探、窃取你们的国家秘密，违法不违法？你们处理不处理？如果有其他国家的记者要求你们做出解释，要求你们释放犯罪者，你们答不答应？

倘若国外媒体要说他们的记者本来就没有专业操守，也不懂得什么是道德底线，那么想要告知其记者"什么是对的，什么是错的"就成了徒然。如果一个国家的新闻共识和底线也都只是"傲慢和偏见"的代言，那么众人也就不难理解在一个重要的官方场合，一个新闻记者竟然会对另一个国家进行无端指责。必须强调，这不是勇气和果敢，这是自大和无礼。

王毅外长的回应说明了中国外交话语体系并非我们印象里固有的"保守"。温良中有强硬的一面，也反映了中国的自信，显示了中国外交官的高素质，值得赞扬，更值得支持。自认为遭到斥责的加拿大记者也告诉美媒："在场的（西方）媒体人士并没有预计王毅会主动对记者的提问作出回应。"可见西方的一些媒体已经习惯了以"不平等"和"不尊重"的态度对待中国，因此也就不难理解一些国外媒体在事后"不仅不反思自身的行为是否合适，还继续抹黑中国"这一现象了。

试想，如果当时王毅部长不正面批驳，那么国外媒体又会怎么报道中国？说中国心虚，不敢回应人权问题，还是说中国默认了自身人权状况很糟糕?再细想想,是大家了解真实的中国更利于中国的外交形象,还是说中国要忍着委屈背着"黑锅"才更利于中国的正面形象传播?

  毋庸置疑,只有接近真实的中国,了解中国在发展中作出的努力和取得的成绩,明白中国每一次进步的不容易和伟大之处,才更有资格去评论中国。

有一种无力叫被误解的警察权力

(2016 年 6 月 12 日)

这几年,社会舆论有一种奇怪的现象。一些人对警察的"抹黑"层出不穷,他们对警察的语言污蔑可谓"不遗余力"。

舆论歪风不停歇,最后往往是要把警察和人民对立起来,把警察群体"边缘化"和"政治敌对化",然后以此为基础误导人们去"攻击"警察。这样做,既打击了警察队伍的工作士气,绑架了"警察权"的正当性和合法性,也对整个社会的长治久安和人们正确的价值观念造成了严重的破坏。

我们不禁要问,他们的目的是什么?真正的目标又直指谁?他们的行为作用于社会的影响有多恶劣?好好研究,结果很不乐观。

难以想象,如果警察有一天沦为弱势群体,这个社会将会怎样?有一些人挑唆制造"警民矛盾",并企图用"警强则民弱"的逻辑偷换概念,混淆警察这一身份所拥有权力的人民性根基,这是不合适的。人们必须清楚,警察是一种职业,我们每个人都有成为警察的可能性,这是基于平等权利的选择——警察来源于人民。因此,我们自然不该对此做伪命题式的"切割"。毕竟,要是说你成了警察就必然会脱离人民群体,这可能吗?这允许吗?一些人成为人民警察是为了更好地保护人民,实际上这也是人民群体里许多正义性觉醒较强者的一种职业选择。

有些人把"警察权"妖魔化，想以此为"切口"去抨击警察行为是"不合理"和"不合法"的，又或者将一些不良警察的违法行为和恶劣行径当成"警察权"的衍生品，这是极其严重的错误认识。什么是法治社会？在依法治国思维下，法律对权力的制约一定是必然的，"警察权"也是在一定范围内适用的。而且制约不等于完全剥夺，有些权力则是有其必然背负的使命，"警察权"本身便是如此。

警察身份的"特殊性"是人民所给予的寄托与希望造成的，赋予警察权力也是为了让警察更好地履行自己的职责，维护国家安全和社会治安秩序，预防、制止和惩治违法犯罪活动，使人民的生活得到法律的庇护。

言有理，束人以德，难在行。警察作为执法者，在推进法治社会建设过程中能够发挥重要的作用，对于健全社会法制体系能够发挥重要的正面效果。

社会上有许许多多的规矩，却有很多不守规矩的人。国家有大大小小的各种法律法规，在有约束条件的前提下都有很多人知法犯法，更不要说如果缺失了"执法者"这一特殊人群，还有多少人真把法律当回事？到时候，受到最大伤害的一定是人民，因为我们缺少了保护自身安全的"城墙"，警察恰恰就是那"城墙"的一部分。所以，你还认为我们这个社会可以不需要警察吗？

警察，天然具有神圣属性的职责，他们是维护社会秩序的奉献者，他们是保护人民生命财产安全的英雄。他们来自我们的中间，有的才二十几岁，有的从警生涯都二十几年了，同样的战线，往往是两代人的使命传承。在职业之外，还有无法细数的重要意义。往往是新鲜的血液涌了进去，年长的警察却还没急着退下。一份责任，一份担当，背负者方知沉重，方知危险，方知不可轻松放下。

不时看到一些警察在危险来临时挺身而出，并因为保护人民群众而受伤。其实他们大可换种职业，何必拿着不高的薪资在得不到别人理解的目光下，又是奉献青春，又是与凶恶者斗争呢？可是，有些事情他们不做，别人也可能不愿意去做，最后的局面就是没人真正做事了。可是，这些事情都和我们的生活息息相关，与我们个人的利益紧密相连。如果没人去做，我们的生活就将面临危险。

往深处思考，警察打击违法犯罪者，不正是保护我们守法者的权益吗？不正是维护社会秩序的稳定吗？不正是为我们创造一个更好生活成长的空间吗？如果剥夺了"警察权"，那又如何让警察去做一些事情呢？

面对现实，作为英雄，警察很少享受到应有的荣耀，却还经常遭受无端的指责和谩骂，这又是为什么？也许有的人会说，他们遇见了"坏警察"，看到了警察作恶的一面。可是社会上又有多少人们口中的"坏警察"？突出"个案"不利于人们了解现象本质，扩大"情绪"不利于人们达成共识，最终还是不利于问题的解决。另外，对于"真正"的人民警察而言，他们比我们更容不下这些"坏警察"，不只是因为"坏警察"败坏了警察队伍的声誉，更是因为这些人在某种程度上也侵犯了我们的权益。

不要忘记一点，人民警察为人民。一旦有警察背离了"人民性"，哪怕他还没离职，他都不再是严格意义上的"人民警察"。可是对于那些"真正"的警察而言，我们的误解对他们来说又是否为一种苦涩的委屈呢？我们应给予警察一定的理解和关心，给其有所作为的空间，让真正的有力者能够为人民发力。

应给公务员群体正常的舆论评价

（2016 年 6 月 19 日）

近日看到一则新闻，说的是安徽省一个副镇长开"网约车"被举报，之后县纪委介入调查。

先来说说事件本身，身为公职人员，违背了"公务员不得从事或参与营利性活动"的相关规定，接受调查乃至受到处罚都是合理的。但这样的事件，也真实展现了基层公务员群体的"窘迫"和"尴尬"。正像事后一位基层干部所说，"副镇长去开车拉活，就是穷的，是真穷。"

可是，从社会舆论来看，对此事的理解最多是止步于"悲情"。若是用我们的惯性思维去看待，则会觉得，堂堂一个副镇长又怎么会缺那点钱呢？绝对不实诚啊！对于整个公务员群体的正常舆论评价显然无法成为主流。

在这些年的舆论环境里，公务员群体一直都是舆论的靶子，大家是不太相信中国的公务员不坏的。可是换种语境，若是把中国公务员换成某些国家的公务员，很多媒体舆论则不但不进行批判式的挖掘，还多有溢美夸赞之词，俨然抛去了我们的"自信"。

在中国，凡是涉及公务员群体的舆论事件，舆论常常就会给予一种阴谋论调的"关怀"。许多人真的是一竿子打翻一船人，他们坚定认为公务员都喜欢滥用"公权"，连说理的机会都不留给公务员。你要是和他讲道理，他就摆出一副"我不听我不听"的样子，怎么说也没用。

公务员是一个庞大的群体，出现几颗"老鼠屎"也正常，可这坏了一锅粥就很不划算了。那些见到"公务员"三个字就要上来撕的人，也应该好好想想对公务员群体的指责是不是没有就事论事，是不是一开始的情绪立场就有问题。

当然，公务员这个群体确实要比其他的职业人群相对稳定，待遇福利也相对较好。基层一些腐败现象也的确让公众深恶痛绝，个别基层公务员的无作为、乱作为、恶作为，也确实大大影响了人们对公务员群体的看法和评价，这都是很现实的问题。可是，在高压"反腐"的大旗下，社会风气已然有所改善，民间所言的公务员"灰色收入"也得到了有效遏制，公务员整个群体正在往其"正常"的位置上回归。这个时候，难道不是更需要舆论的关心与支持吗？

当下，我们有必要正视公务员群体的真实现状和现实诉求，并做出一些改变。如果一个国家不能够给公务员群体最基本的体面的生活，社会的舆论还成天抹黑公务员的形象，那么这个国家会更好吗？要是国家公职人员都没有尊严了，你还相信他们能够保障我们的权益吗？说白了，保障公务员的权益，也是保障我们每个人的权益，这之间是有内在联系的。

如今摆在我们面前的第一道难题，就是消除社会对公务员的一些"错误"印象，其中媒体的"误导"舆论还得早些纠正。否则就算这边给公务员正名了，那边也经不住媒体舆论的使劲"黑"。

变味的舆论引导，带来的就是错序的情绪对抗，诸如公务员、医生、教师等都是被"攻击"的主要群体。在此也希望大家能够客观公正地看待每一个群体，给予其基本的尊重，给予其公平的评价。当然，面对应该被批判的，我们也绝不能吝啬言辞。

· 世俗见论 ·

我们为什么比杀人的老虎更狠毒

（2017年1月29日）

2017年1月29日下午，浙江宁波雅戈尔动物园发生一起老虎咬人事件，被咬伤男子经抢救无效死亡。据媒体报道，当时在现场的还有他的家人，包括两名成年人和两个孩子。

园方负责人对外称，相关信息要等待警察调查，待官方统一发布。不过雅戈尔动物园办公室张姓负责人则向媒体称，这名男子翻越隔离护栏挑逗动物，被老虎袭击，叼入动物生活区。同时，各大媒体和网络账号也引用"围观者"言论，称"一名男游客在近距离逗老虎时被老虎叼入园内"。

并不是什么情况都必然要有另一种情况作为纽带和绳结，不是所有的事情都可以简单归咎于因果报应的浅层理解。男子究竟是不是因为主动逗弄老虎才遭此劫，尚且不得而知。因为仅以当前流传于网上的视频是很难判断的。

在事情未有定论前，很多人已经倾向于认为是男子"作死"，他们认为老虎不会主动咬人，肯定是因为男子做出了什么行为，所以才会有此结果。事实上，这种认为"事出必有因"的逻辑同样可以用在为犯罪者开脱的时候——"一定是被害者做出了什么过分的事情，所以犯罪者才会有此行为"。

人们经常会去寻找一种理由，将自己放在不那么错误的一方，并在此情况下做出认为是正确的事情，而且这种正确很大程度上也满足了自己的一些负面情绪，比如暴戾、自私、狭隘、仇恨等。

情绪需要宣泄，如何让那些面对不幸时的丑陋的幸灾乐祸变得理所当然，自然就少不了这样一个理由。也不管这理由是真是假，是否充分，至少在寻找理由的过程中有一大批人达成了共识，觉得这是一个"喷口"。

理由服务于情绪存在而非情绪服务于理由存在，如果是这样，那么理由的分量还重要吗？假如，那名男游客确实是自己先主动挑逗老虎的，那么他被骂"死得活该"是否就是应该？

这种假设是成立的，因为现实的情况就是数十家媒体以"游客动物园逗虎时被叼走"为报道视角，这个声音从哪里来，又是否合适，恐怕就没多少人过问了。重要的是，这样的报道方向挑起了人们对人之劣性的仇视和反感，连带着就觉得当事人之死反而就不那么具有悲剧意义了。还使一些人觉得，这事不但并不让人悲伤，反倒是一个可以拿来作为反面教材的例子。实际上，很多网友都是这样做的，他们谩骂得够狠，他们奚落得够狠，他们讽刺得够狠，他们对一个死者就是这般模样。

什么是正义？人数多吗？想起一个故事，如果一群病人中还有那么几个没生病的人，那么被逼疯的肯定是那几个没生病的人。生病的人不认为自己病了，自然会把没生病看成是一种"病"。没病的人如果坚持说其他人病了要吃药，那又会是什么结果呢？

网络舆论存在的非理性暴力和情绪宣泄如果是一种病症的话，那恐怕已经到了麻木不仁和阴暗狠毒的地步。这些"病人"可能只是些十几岁的中学生，主要是因为年轻人更容易得这种病。可是，我们会反省吗？我们会认为自己做错了吗？我们会认为自己对一个死者做出了极其不敬的事情吗？我们会认为自己是一个没有教养的失败者吗？

死者，他可能是孩子眼中高大的父亲，是妻子眼中魁梧的丈夫，是爸妈眼中可爱的儿子。他是一个人，和我们一样有血有肉的人，一条鲜活的生命就这样消失在我们的眼前，难道除了那些廉价的负面情绪，我们就没有丝毫的同情吗？难道我们就不能对一个生命给予最基本的尊重吗？

社会习惯认识为逼人让座助长气焰

（2017年9月19日）

近日，一则老人逼生病小孩让座的视频在网上疯传。一位老人上地铁发现没有座位，看到一个孩子坐在爱心专座上，竟将其一把拎起，自己坐了下去。孩子母亲称，小孩生病了。老人却表示，生病拿证明，没证明就得让座位。

有明文规定"爱心专座"是"老人专属"吗？显然没有。所谓"爱心专座"一般是提供给有需要的乘客，何谓有需要？自然是归属老弱病残之列，泛指弱势群体。可见，不只是老人，就算是小孩也是可以坐一坐的。尤其这个小孩身上还是带着病的。此种情况下，我们不禁要问，凭什么只有老人可以坐？是谁把"爱心专座"变成了"老人专座"？

因为相较于"弱病残"，老人的形象更容易被确定。比起"你要证明自己是老人"，"生病拿证明"其实更难。老人老不老，其实看一眼就明白了。可是若要证明"弱病残"，难道真的带着病例，或者外露创伤诉说自己的病史？可见，"老"和"病弱残"放到一起的时候，就突出了实践操作中的主次，要让"爱心专座"真的成为"有所需皆可坐之座"有些难度。

若是真的计较于"老弱病残"的标准，其实不过是一种道德滑坡的互相比差。难道老人要坐"爱心专座"的时候，也要让老人公开亮身份证吗？我们必须明白，"爱心专座"不是裹挟爱心的"特权"，任何叫嚣证明"你应该坐下来"的声音有多少是怀着恶意？"爱心专座"重在提升大家的自我意识和觉悟，我们既要避免道德绑架，也要避免以"正义"之名去攻讦老人。

  事实上，社会的习惯认知也是造成一些老人思想霸道的"罪魁祸首"。一般遇到此类情况，哪怕老人没开口，我们一般也能够看到周遭的人希望小孩让座。在一些人看来，年少者给年长者让座是应该的，如果小孩不让座就是小孩的品德不高了。可是，那些健康的成年人呢？又可曾主动想过让座？此种情况下，如果小孩不让座，是否又会出来不同的舆论声音？

  "生病拿证明，没证明就得让座位"显然是极其不合理和不道德的。当老人以道德之名要小孩让座的时候，他就站在了不道德的位子上。同理，当一些围观者以"凭什么给老人让座"的理由要把老人从"爱心专座"上"赶走"时，这些围观者又是否真的愿意亲近道德？

  就事论事，老人逼小孩让座非常不妥。另外，我们的一些网友言论也早就在正常的批评尺度之外，不知与那个老人又有多大区别？

像治理雾霾一样治理网络"雾霾"

（2017年12月26日）

网络造谣、抹黑正在日益呈现体系化、规模化和产业化特点，我们应当打击网络黑势力、黑产业，严惩黑资金，像治理雾霾一样治理网络"雾霾"。

网络在缩短世界距离的同时，也在我们彼此独立的生活圈子间共建了一个大圈子。这个大圈子是我们共同生活的网络家园，我们在上面共同呼吸，接收各种海量的信息，正能量能够帮助人向上向善，负能量也能够让人极端暴戾，网络已然将我们的一些权益连接在一起，成为一个命运共同体，让我们更容易地感受好与坏。基于此，在接触网络的过程中，我们要学会"懂网""用网"，不能让网络生态恶化。

中国网民人数世界第一，与之对应的是网络治理的责任全球最重。截至2017年6月，中国网民规模达7.51亿，占全球网民总数的1/5。如何为这7.51亿网民提供一个清朗的网络空间，不仅是考验中国管网治网的决心与智慧，同时也关系中国"网络强国"战略实施的重要基础。如果没有一个凝聚大共识的网络环境，没有共同理想，没有共同目标，没有共同价值观，甚至让一些"网络谣言""网络水军""网络敌对势力"肆意生长，让好好的网络家园变成了满目疮痍的负能量聚集地，那就真的什么事都办不成了。

网络无秩序，不符合国家与人民的利益。普天之下，皆有规则。

交通若无法规，酒驾横行，谁要遭殃？环保若无铁律，雾霾肆虐，谁要遭殃？网络若无秩序，网络群体暴力横行，诽谤诋毁个人声誉横行，低俗不雅信息横行，扭曲历史、抹黑英雄事迹横行，侵犯公民隐私行为横行，这样的情况，谁要遭殃？是社会全体要遭殃了！因此，网络必须有秩序，也必须使每一个上网者都接受和遵循这个规则。

网络是宣传平台，更是舆论阵地，一些声音的背后可能存在特殊的目的，需要我们认真研判和应对。尤其是在我国处于社会转型期的关键时期，有一些网络账号长期利用社会问题大做文章，我们要看到其"放大社会矛盾，故意制造对立群体，推动网络雾霾"的本质。

这些行为本身，一般还夹带着虚假信息和过激言论，不仅会对个人、企业造成伤害，更会极大地伤害社会健康的价值观念体系。一些社会问题被刻意炒作，一些概念被偷换，导致事实被混淆，对我们党和政府来说都是极大的挑战，必须谨慎应对，尤其对网络谣言要严厉打击，要像治理雾霾一样去治理网络"雾霾"。

莫以正义之名行网络暴力

（2018年1月12日）

我们习惯于去用更多要求乃至超出常规标准的要求去评价他人，却很难客观看待自己的行为，因为本能会促使我们尽可能遮蔽自己的缺点。近来一段时间，"合肥女教师拦高铁"事件引起了舆论的一波热潮，在此起彼伏的各种批评里，有很多情绪已然超出常识的范围，事件本身无疑被过度放大。网络审判很是凶猛，这就像堵塞已久的下水道被疏通的一刹那，越靠近口子的地方水流越急。

网络审判不应该成为一种特权。可是我们中的大多数人已经享受了这种"特权"，且难以克制。并不是所有的批评性言论都是网络暴力，但是超出法律底线的言论和行为，就已经不再是单纯的"提醒"和"劝告"了。

须再次强调，针对个人行为的错误提出批评并无问题，但是上纲上线对其人格进行严重的侮辱谩骂并公布其个人隐私，这就涉及法律问题了。当一群人叫嚣着该把她送到牢里去的时候，可曾对自己的行为有一个相对正确且不那么自我的认识？他们又是否能够像起初发现了极大罪恶般地"发现"自己的丑陋？恐怕很难。

让应该受到惩罚的人受到惩罚，但是让一个人受到远超其行为代价的惩罚，并不合理。比如网上经常能看到的"讹人的老太太就该死""叫人让座的老大爷就该死"这样的定性认识和惯性思维，毫无疑问就是有问题的。同理，抛去媒体的惊悚字眼对其个人的定性，再去看这名女子的行为，她其实已经得到了较为严重的惩罚。停职，罚款，被网络恐吓谩骂，甚至她的孩子也有很大的概率会因为这件事成为线下的校园欺凌事件的受害者。可是舆论却仍未停歇，那么网友要的是什么结果？

比"拦高铁"更让人揪心和担心的是，公共舆论对个人权益维护的集体无意识和对情绪宣泄对象的集体有意识。这意味着，在这个网络时代，我们乃至于我们身边的每一个人都有可能遭遇这样的困境。哪天你和别人闹矛盾的画面就有可能被人放在网上传播了，随之而来的可能就是各种棍棒式的批评，很少有人会去深究到底发生了什么，人们想的是"我眼中的你就是这样的"。

假如一个女孩在超市偷窃，后被父母责打一时想不开就跳楼自杀，结果女孩的父母向超市索要巨额赔偿，合不合理？如果死者家属隐去了"偷窃"这一细节，打出标语是超市逼死了女孩，并把视频传到网络上，舆论会是怎样的？很多网友恐怕会一起加入"声讨"的大军。此时如果有人把"偷窃"这一细节公布，恐怕有人会说那又怎么样，也可能是孩子忘了付钱，就算是真偷窃也不能把人逼死。如果有人再把"父母责打孩子"的细节公布出来，恐怕也会有人说，如果超市工作人员不通知孩子父母，就不会出现这一幕。

有一则泰国短片叫《用智慧看见那些看不见的事》，片中的网友们看到的是"市场老板娘欺负摊商"，自以为伸张正义地对市场老板娘进行了网络攻击。实际上，老板娘要求菜市场干净是为了让更多顾客来买菜照顾商贩们的生意；摔掉卖肉摊贩的秤是因为他缺斤短两欺诈顾客；"处理"商贩只因为对方犯病了，要带他到僻静的地方休息；搬走商贩的东西，是为了拿去卖掉帮她解决困难……

能够把人与人隔开的不是距离，而是不够理解。"地狱空荡荡，恶魔在人间",人与恶魔的最大不同在于,恶魔是基本没有底线的,而人是一定要有底线的。

犹记得,从"南京彭宇案"到"南京养母虐童案",自以为看到真相且批评当事人的网友很多,他们却从来没有想过,如果他们做错了,应该怎么样?"南京彭宇案"中的老太太被人撞倒住院,最终还被媒体和网友污蔑是在讹人,更有甚者还去骚扰老太太的家属,迫使老太太搬家,直到老太太去世也没有一家媒体和一个网友站出来道歉。"南京养母虐童案"中过严尺度的家庭管教被定性为"虐童",周遭各种所谓保护孩子的言论无视孩子最基本的需求,反而让孩子承担了更大的心理压力和折磨,让他在线下遭受了更大的伤害。孩子最想要的是与妈妈生活,可是他的妈妈却被送进了监狱,一个家庭也被拆散,这就是一些网友认为的"正义"。

我们虽然不是圣人,但是也千万不要轻易去尝试当一个恶人。我们每个人或多或少都有些缺点,谁没做过一些错事?做错了受罚都有一个尺度在,纵使被打入地狱也得看恶行程度,这才是公正。我们必须认识到,无论是私德,还是公德,我们仍然有需要改进和提升的地方。

因为人类能够不断地进行自我批评与反思,所以人类才是人类。"吾日三省吾身",既是让自己变得更好,也是为了让社会变得更好,切记"己欲立而立人,己欲达而达人"。

我曾经看过一部电影叫《搜索》,里面有个情节在这里拿出来和大家分享一下。电影中的角色叶蓝秋在医院查出癌症晚期后,坐公交车回家,并一直在想自己患病的事情,所以没有给旁边的老人让座,这时候旁边的人都指责叶蓝秋不让座。最后叶蓝秋说道:"要坐坐这儿。"可想而知,最后被"人肉搜索"的叶蓝秋会遭遇什么。

人性远比我们看到的东西更复杂。"万事劝人休瞒昧,举头三尺有神明",道德不只是用来约束别人的,也是用来约束自己的。

2018年高校毕业生超 800 万，带来的也是发展动力

（2018 年 3 月 13 日）

2018 年全国两会期间，国家统计局局长宁吉喆接受专访时透露，2018 年的高校毕业生人数将首次超过 800 万，要毕业 820 万人，就业压力很大。

高校毕业生人数的增长，体现的是接受高等教育的人群普及度的提高。或许一听到 2018 年要有超过 800 万人毕业，对于 2018 年应届毕业生来说会有很大压力，包括一些舆论也认为这会对我国的就业情况造成负担。可是从社会发展的角度考虑，却并不见得是一件坏事。如果从社会整体素养的提升和提供创新创造内生动力的视角考虑，更是益处远大于弊处。

首先，不要将 820 万高校毕业生看成一种就业负担，不要想着这些毕业生只是增加了就业压力。我们要想到的是，这样一批毕业生能给我们这个社会带来什么贡献，这才是教育培养的初衷。正所谓"学以致用"，在当前各地争相引进人才的政策引导下，利用其学识优势，这些毕业生应该能够在广大岗位上发挥越来越重要的作用。

或许有人会抱怨，现在很多岗位招聘的门槛都提高了，条件动辄要求本科生或研究生，且还有很多其他限制性条件成了挡住应届毕业生就业的一道坎儿。然而，这样的情况实质上也透露出一种积极信息：我国社会现代化建设和社会素养的整体基础得到了很大的提升。

其次，我们要对庞大的毕业生人数及社会就业情况进行总结，进一步明确高校培养人才的路径和方向。理论推动实践，现实推动改革。我们的高校要培养什么样的人才，一直都是高校改革的重要话题，紧迫的客观现实将进一步推动这种差异化人才培养模式的改革，尤其是推动应用型技术人才的培养，并且会对高等院校专业的合理设置提供更多的数据支撑和理论支持。

社会就业压力增大的直接表现是，就业人群内部的竞争性呈现明显的强弱对比。尤其是高校应届毕业生与其应聘岗位适合度的匹配值将决定其就业概率。无疑，专业性、实践性、技术性人才将更有竞争优势。因此，建议教育主管部门为更多应用型技术大学提供专项资金和财政拨款，建议相关部门为大学生提供就业培训和岗位需求适配，加强学生的实践实习。

最后，缓解就业压力，还可通过发展新的产业来实现。不应忽视一点，产业的发展将提供更多的就业岗位，尤其是产业形态的升级将创造更多新的就业机会。结合当下青年创新创业的热潮，充分考虑互联网经济为传统实业带来的新机遇，以电商平台内生的生态体系衍生的网上店家、物流体系、新型零售等新产业为例，以主动创业"养"工作就业，以工作创新"带"产业更新，820万高校毕业生无疑将为产业发展和升级提供新的动力。

此外，节能环保、新兴信息产业、生物产业、新能源、新能源汽车、高端装备制造业和新材料等新兴产业都是热点，都需要大量实践者和创新者。尤其随着互联网信息技术发展带来的产业发展和升级，将为更多的青年创造广阔的创业和就业机会。

毫无疑问，高校毕业生人数的增长带来的不一定都是就业压力，要辩证地看待高校毕业生人数、就业需求、产业升级、社会发展等之间的关系，越来越多的高校毕业生进入社会，并作出许多新的贡献，将成为推动社会改革和前进的动力。

平台和受众都不应为未成年孕妈现象托底

（2018年4月8日）

恋爱、怀孕、生子……这些现实生活中的未成年人禁忌，在网络直播中却无所顾忌。14岁早恋生下儿子、全网最小二胎妈妈、讲述自己悄悄怀孕……这些视频经常登上直播平台的热门，引发关注。

不正之风必须纠正，直播平台岂能缺失责任

未婚生孩并直播晒娃，是主流文化，还是逆主流文化？如果"未成年孕妈的出现"是主流文化，那么其意义和价值又在哪里？在人生观、价值观、生活观尚且不健全，在应对磕绊困难时尚且不自信，在规划生活时尚且不成熟的阶段，他们的行为无异于将自己推陷于泥沼，越陷越深。这样的文化，无疑是逆主流的文化，带来的不是良善、积极向上的风气，而是在唆使心理和情感仍不能完全自控的少男少女去放肆、堕落的靡靡之音。

直播平台有义务也有责任去抵制不良的风气，这是直播平台时时刻刻都必须恪守的原则和底线。如果底线失守，原则丢失，那么这个平台距离被社会淘汰也就不远了。凡是与社会主流相违背，并纵容不良风气误导舆论和思想的平台，都无理由赢得社会正义者的掌声和支持。不管这些平台拥趸多少、能量多大，错了就要改，整治必须要跟上，屡教不改者甚至应被关停。

追捧直播晒娃的狂欢，是集体非理性堕落的狂欢

以丑为美，以恶为善，颠倒是非价值观念者是客观存在的。既已知其丑，又明其恶，却为之狂呼者，心中岂不矛盾？你或许不会这么做，但也并不会促使你去批评、去抵制。因为你所看到的这些事情与你个人直接的关联性并不大，你或许还会以一种"审丑"的态度去变相地支持。其实，这种"无所关"的无责任感，并不亚于同谋者的叫嚣。

透过线上的现象寻找线下的根源，谁来保护女孩的权益

未婚生孩，会对女生的生活造成很大的影响。十几岁的年纪，哪里完全晓得一个母亲的艰苦和责任？她能否担当得起身为一个母亲的角色？在社会定位中，她是未成年人，她是中学生，她是一个还在求索知识未长大的孩子，你却让她在这个时候要承担更多烦琐复杂的压力和事务，让她损失和消耗了更多的青春，让她成为另一个孩子的母亲，这绝对谈不上是属于自由的"高贵"，而是来自生活的赤裸裸的枷锁。

教育女孩如何保护自己，不如教育男孩保护女孩。性教育是否缺失，或者说是否由于性教育缺失导致了许多未成年人发生性关系，并不是问题的重点。教育男孩要有安全的性行为观念，会比教育男孩克制性欲望更能减少一些问题。女孩肯同一个男孩发生关系时，有时情感的高潮会冲垮一切对理性的恪守。虽然我们避讳，我们警惕，但是我们无法确保最终都会那么"安全"。因此，教育男孩才是最重要的。

如有一万种可能性，我们都不愿有最不想见的那种可能性。可是我们无法控制所有事情的结果。从线下到线上的延伸，从未婚生孩到直播晒娃，有些问题是必须面对的。无论何时，我们都要有保持清醒的觉悟：当一些思想，以腐朽的姿态傲慢地俯视这个社会的时候，将是我们社会集体的悲哀。

· 世俗见论 ·

坚持正确价值取向，抵制不良视频传播

（2018年4月24日）

"要加强网上正面宣传，旗帜鲜明坚持正确政治方向、舆论导向、价值取向"，习近平总书记在全国网络安全和信息化工作会议上发表重要讲话时对更好凝聚社会共识作出了要求，决不能让互联网成为传播有害信息、造谣生事的平台。

结合当下移动互联网的发展形势，我们要深刻认识到，一些营销账号的用户数基础庞大，传播的内容以刺激受众观感和获取关注度为主，丢弃了自身的社会责任，以恶趣味为美，追求低俗、媚俗、庸俗的内容，享受被追捧的感觉，已经违反了相关的法律法规，我们必须予以重视。

营销账号的种类有很多，但是目的大同小异。近些年，有一类传播"以暴制暴"视频的营销账号产生的社会影响较为恶劣。这些营销账号的负责人往往打着伸张正义的名义，接受一些求助，并通过暴力恐吓等方式，帮助求助者摆脱"困扰"。这些视频看似正能量满满、充满正义感，实则导向错误，在渲染"以暴制暴"的过程中，极易误导青少年的思想，不利于青少年的成长。

作为普通受众，观看此类营销内容，极易产生代入感。因为这类视频以比较生活化的形式展现出来，其传播的内容大体都结合了生活中较为热点的话题。最为重要的是，这些视频基本上都是由营销账号团队自编自导自演的，并非真正"有人求助，有人帮助"的情况。虽然单个出现的时候，视频的本意并非夸大和挑拨社会矛盾，但是考虑互联网传播环境下的受众心理，这些视频客观上会使受众对社会产生错误认识。这些拼接起来的生活矛盾通过具有庞大粉丝基础的营销账号进行传播，就会影响受众对社会的客观判断，并可能使人们在一些社会主流价值观念上产生分歧和冲突。

网络不是法外之地。在互联网语境下，评价这类营销账号的行为必须形成一种共识。可能有一些网民仅仅是以娱乐和消遣的心态去观看这类视频，但我们必须关注到底有多少人会信以为真。哪怕只有万分之一，基于那动辄百万级或千万级的观看人数，实际被影响的绝对人数，都是不应被忽视的。这类视频中涉嫌违反相关法律法规的，应立即下架并彻底整改；对于影响极其恶劣的，应当关闭和注销账号。

猪肉价格下跌或可倒逼生猪养殖行业优化

（2018年5月16日）

2018年5月3日，国家农业农村部信息显示，全国500个农村集贸市场仔猪平均价格与2017年同期相比下跌39.9%；2018年第17周的16省（直辖市）瘦肉型白条猪肉出厂价格总指数下跌，周平均值13.77元/公斤，环比跌0.2%，同比跌28.9%。全国活猪平均价格10.71元/公斤，比前一周下降1.5%，与2017年同期相比下降31.2%。

实际上，多地猪肉价格已经连续多年下跌。河南省畜牧局检测数据显示，2018年2月以来，河南省猪肉价格持续下跌。从1月的14.99元/公斤下跌至4月25日的9.81元/公斤，下跌幅度达到34.6%，跌破2014年4月的最低点，创下了2010年5月以来近8年的新低。据安徽省物价局价格监测局价格监测数据，2018年4月26日，安徽省生猪平均出场价每50公斤513.19元，与上月同期比下降3.85%，与2017年同期比，下降32.07%。

当下，猪肉市场行情低迷，受市场恐慌心理影响，短期内恐怕难以改观。猪肉价格下跌，会使得养殖户和企业的恐慌心理加重，导致生猪集中出栏抛售，增加市场供应，这会在一段时间内进一步拉低猪肉价格。对于养殖户和企业而言，则陷入一种"卖也亏，不卖也亏"的尴尬境地。尤其是受到饲料价格上涨影响，养猪成本增加，生猪养殖户的承压变重。

在分析导致猪肉价格下降的原因时，我们要了解"猪周期"波动对猪肉市场的影响。所谓"猪周期"指的是一种经济现象，其循环轨迹一般是：肉价上涨—母猪存栏量大增—生猪供应增加—肉价下跌—大量淘汰母猪—生猪供应减少—肉价上涨。简言之，猪肉价格上涨刺激农民积极性造成供给增加，供给增加造成肉价下跌，肉价下跌打击了农民积极性造成供给短缺，供给短缺又使得肉价上涨，如此循环往复形成了"猪周期"。

除了受到"猪周期"影响之外，猪肉价格下跌还有两个原因：其一，生猪养殖行业的规模化扩张，使得生猪生产规模和生产能力不断提升，有效地增加了生产供给，这是整体趋势；其二，消费者对猪肉的需求出现疲软，膳食结构更加均衡，食物摄入来源更加多样，这是客观现实。

目前国内生猪产业链还未形成，养殖、屠宰、冷链物流、深加工等环节仍然脱离，未能形成全产业链。因此，生猪养殖户和企业对养猪成本的控制能力，以及对市场风险的抵御能力，仍然有很大提升空间。

可以预见，猪肉价格的下跌，必然会对生猪养殖行业形成冲击，规模较小的养殖户和企业抗风险能力较低，可能会慢慢退出市场，剩下的则多数是中等以上规模的大户和企业。"淘汰小户，剩下大户"是市场的一个规律，对于生猪养殖行业而言未必是一件坏事，因为提升生猪养殖行业规模化、自动化、标准化水平，规模化企业将逐步增多，产业结构将得到优化，行业管理将得到进一步规范，生猪产业链将更加健全，养殖户和企业的抗风险能力也将得以增强。

从法律视角为抵制网络暴力提供支持

（2018 年 7 月 18 日）

近年来，网络暴力事件愈演愈烈。它不仅刺激和挑动着社会矛盾，更造成了群体对立与价值观念割裂。网络暴力行为对公民的人身权利的实质性伤害，早已经超出了网络舆论的边界。

2018 年 5 月 31 日，湖南某高速公路服务区发生了一起一家三口自杀案（两人死亡）。实际上，死者"菲妥妥"之前就在微博上宣告过自杀，后被警方解救。然而，有一些网友认为菲妥妥自杀是"演戏"，随之而来的是海量的侮辱和讽刺。结果这一家没有败给生活，却败给了网络暴力。菲妥妥自杀后，没有一个咒骂她的网民表示过忏悔。

2018 年 6 月末，江苏南京江宁一男子见 2 岁幼儿被泰迪犬咬伤，一气之下将狗摔死，虽已与狗主人达成和解，没想到却卷入了网络暴力旋涡。爱狗人士对他及家人进行"人肉"搜索、电话骚扰、短信威胁咒骂。巨大的恐惧感，让其妻子无法忍受，选择割腕"为狗偿命"。

再如，电影《我不是药神》的主角之一，因为拒演了由其成名作电视剧而翻拍的电影，结果引起了一些人的不满，他不仅被打上"忘恩负义"的标签，甚至就连电影《我不是药神》都遭遇一些人的恶意差评。

网络语言暴力，指的是非正常的批评性言论，即通过网络平台传播的侮辱、诽谤、诋毁及其他恶意攻击个人的负面性言论。这些言论早已超过正常的言论边界，有些言论本身就违背了相关法律，但在追究具体责任人的时候，很难有一套行之有效的执法措施。在网络暴力的场景之下，施暴者并非一个人，而是一群人，这增加了维权成本，更提高了司法机关介入的门槛。

目前，关于网络暴力的法律法规尚不明晰。由于没有一部专门的法律对网络暴力行为进行限制，建立规范的网络伦理，这使得网络暴力一直被作为"道德问题"，人们忽视了其应受法律惩罚，对自身行为的约束也降低了。

与网络暴力相关的民事责任、行政责任、刑事责任，虽然都能从相关法律里找到散见的法律依据，可是在具体的"行为定性"上仍然会出现分歧，这也造成公安机关介入处理此类案件时，往往是投入成本高，实际处理打击小，现实效果偏差。

当前，推动网络暴力的人群有一个逻辑误区，他们经常用被施暴者个人行为的错误来论证自己施暴行为的"正义"。目前看到的各类网络暴力事件，都在混淆法律的边界，都在试图用民粹道德的标准去说明网络暴力行为的正确，不得不说是让人遗憾的。比如，一个人在某一方面犯了错，施暴者便觉得对其实施网络暴力是合法的、正当的。其实，他人的错误行为，绝不是我们可以肆意妄为的理由。

新的问题需要新的解决方案。因此，有必要推动"反网络暴力法"的制定，正如反家庭暴力法的实施带来的改变。应进一步研究实施《反网络暴力法》的可行性与难点，在充分调研的基础上，梳理网络暴力中的具体行为，要明确平台的相关责任，针对网络暴力的法律责任——禁言、注销账号、行政罚款、行政拘留、追究刑事责任——也需要形成一个有机体，针对网络暴力也应有明确的执法机制。

把官僚作风赶出高校大门

（2018年7月20日）

2018年7月19日，某大学学生会通过官方微信公众号发布干部选拔公告，公告中按照三个层级公示了两百多个学生干部岗位，而在"秘书机构"和"组成部门"两层级中，还特别标明了职位是"正部长级"还是"副部长级"。

万事皆讲个规矩，讲规矩本身是无问题的。大学这样的单位，其内有零零散散的各类学生组织，自然不能没有规矩，也不能不讲规矩。可是，规矩该怎么讲，讲到什么程度，是必然要有个标准和尺度的。若是如一些学校的学生组织，在干部换届的时候讲究排场，强调级别，这种过度的"讲规矩"，实际上也是一种另类的不讲规矩、没有规矩。

两百多个学生干部岗位，机构部门分类清楚，岗位明确，又是公告，又是"定级"，场面甚是震撼，让人觉得很官方、很正式。也难怪会有网民觉得有些"不适"，觉得点错了公告。这种"官方性"和"仪式感"已经有些变味，与大学该有的朝气不符，倒是多了许多官僚作风，严格说来还是属于官僚作风较为突出的一种表现。

不禁要问，大学的公告如此推送安排，是在宣扬一种什么价值观念？是否考虑到对学生干部职位的描述有不妥之处，尤其特别标明"正、副部长级"是否符合学生的身份？毕竟已经有人调侃，一个大学学生组织竟然能一下子任命两百多名"省部级"领导干部了？

无意识的常态行为体现个人意识形态的一种站位。公告中被吐槽的地方有很多，剥离一些批评和维护，我们要透过这些被质疑的行为，去思考一个问题：这是有意识的行为，还是无意识的行为？如果是有意识地这么做，我们倒是可以找到一个为其辩护的理由，可理解为是"用力过猛"，是"好心办坏事"。

如果是无意识这么做，那只能说明把关者的价值观念存在一些问题，在"这是一个大学，这是一群学生干部"这样一个前提下，反映了把关者对"官与权"的一种错位认识。我们更应关注的是，那些学生是否认为这是一种官僚作风，如果他们无意识的行为也在支持这样的情况，那只能说明一些价值观念的影响是深刻的。

学生干部的第一身份是学生，其次是服务学生的干部。如果任由官僚作风侵蚀大学，那么这些学生干部以后走上了党政领导干部的岗位，岂不是会更加脱离广大人民群众？学生会这样的组织在任何一个学校本都应该发挥更多更重要的作用，尤其是凝聚广大学生的共识，可是当前的一些现象却把学生会与学生对立了起来，这是让人遗憾的。

一个学生加入学生组织中，成为一名学生干部，这个过程可能会产生组织感、责任感、集体感。但是服务意识的培养又不同，如果这个组织传递出官僚式的层级感，那么这样的学生组织与学生之间的联系就会减弱，学生群体中的"小圈子""小团体"更容易成型。

学生干部是从学生群体里来的，就应走到学生群体里去。我相信，学生干部对学生组织的喜欢不仅是因为能够得到锻炼，更是因为在做事的过程中拥有了一种获得感。这种获得感比较纯粹，可能就是完成任务时得到的一个夸奖，可能就是帮助他人时自我满足的一种开心，可能就是参加学生活动时的一种充实感。

从大的范围来看，我更相信多数学生干部是拒绝官僚作风的，他们有时候可能是被动地接受这样的风气。无论是从培养学生干部的角度出发，还是充分考虑广大学生的基本需求，我们都应将官僚作风赶出中国的大学，决不能让官僚作风污染了学生干部的价值观念。

决不允许"山寨社团"非法生长

（2019年5月14日）

近些年，我们时常能够听到民政部不断更新"山寨社团"名单的消息，让"山寨社团"的形象更加深入人心，同时也反映出"山寨社团"覆盖之广的特点，这意味着我们对"山寨社团"的清理排查工作仍然存在许多挑战，但这项工作必将继续下去。我们也绝不可能纵容"山寨社团"继续放肆生长。

规范社会组织名称是必然之举。"名"是非常重要的形式，我们遇到陌生人若要寒暄几句，首问便也是这个"名"。社会组织在社会管理中扮演着重要的角色，能够发挥正向的作用，规范名称也是规范行为，更是便于让人们了解该类社会组织的性质。但是有一些"山寨社团"未在民政部登记注册，对外戴着"官帽"、拉着"官面"、说着"官腔"，以"中华""中国""全国"等有明显官方色彩的名头来混淆视听，胡乱收费、买卖奖项、举办违规活动，搅乱了社会风气，已经成了社会之害，应当被严肃处理。

若无规矩立事，凡事行必有乱。"山寨社团"的名称具有欺骗性，很容易让人同相关正规社会组织混淆起来，既让一些人上当受骗造成实际性的损失，也为有的正规社会组织带来了负面影响。试想，如果不立规矩、无视规矩、践踏规矩，一人自立一个标准，社会秩序安能稳定？不具备资质的个人和单位，如果可以自称发起建立了"中国某某协会""中国某某联盟""中国某某学会"之类的社会组织，社会岂不乱了套？这同为自己挂上一个"宇宙联盟银河系地球球长"的名头有何区别？可笑之余，是可恨。

非法违规行为要严打，不能让社会信任也倒了。"山寨社团"行非法违规之事，必然要倒下，否则潜在的危害就会继续传播、扩散。有的"山寨社团"工作人员一边招摇过市，一边扯起了"国家"大旗，顶着冠冕堂皇的理由违规办活动、非法吸纳资金，动辄就是用什么"基金会""公益协会"的名头骗取社会信任，消费社会爱心，以达到非法占有社会资金的目的，可是最终受伤的还是被透支信任的公众。这类"山寨社团"如果不倒下，舆论的质疑就会升起来，社会的信任就会倒下去。该治，就要治，要大力治。

"山寨社团"终究不是正品，"山寨"无合规资质。辨别一个社会组织到底是不是"山寨社团"的方法有很多，最为方便大家采用的一种就是直接进行网上查询。如果你对一个社会组织心存疑虑，担心受骗，那么你可以打开网页，登录民政部管理的中国社会组织服务平台。在这个平台上，你可以查询全国社会组织信息，能够看到登记管理机关、业务主管单位、法定代表人、成立登记日期、登记状态等相关信息。如果在该平台上查询不到社会组织信息，那么你遇到的是一个"山寨社团"的可能性就极高了，这时也就要保持一定的警惕了。

基层决策应多些科学思维

（2019年6月17日）

2019年6月7日，河南省污染防治攻坚战领导小组办公室发布通报，批评上蔡县城市管理综合执法局阻止农户机收小麦的问题，表示坚决反对以抓环保为名抹黑环保。通报称，驻马店市上蔡县城市管理综合执法局以影响空气质量检测数据为由阻止农户机收小麦，这种做法极其错误。

保护环境已成为全社会的一种共识，良好的生态环境是最普惠的民生福祉。但是，我们要清楚一点，我们保护环境最终还是在保护人类、保护广大群众的民生福祉。因而，那些以环保之名伤害群众根本福祉的做法，都不是"真环保"。那些狭隘理解环保理念、错位施政的行为，最终也只会让环保成为一个"伪命题"，进而严重破坏现有的环境保护氛围和施政环境。我们必须警惕这种错误的严重危害性，不能忽视这种行为对党和政府在人民群众间的形象产生的破坏性。

严格说来，通报中提到的上蔡县城市管理综合执法局的行为不能作为一种普遍性施政行为看待，而是其自身源于特定原因的自发性行为，但是以特定官方机构身份采取的带有官方业务性质行为的这一操作，只会让老百姓觉得这是官方意志、政策行为。形式主义和官僚主义不可取，自当要进一步追究责任。只不过我们更应该通过这个问题去反思，我们还可以做些什么才能防止这类事情再发生。要去化解矛盾，必须换位思考，要综合看待这一问题，学会积极主动改变。

当前，"一刀切"式的、短期运动式的政策行为在基层依旧存在，这也是为什么此类事件总能引发群众普遍共鸣的重要原因。事实往往是，顶层设计是好的，是为了更加规范地推动一些工作，但是在最关键也是最薄弱的基层环节，却容易导致不规范、无效果、恶作为的现象产生。以影响空气质量检测数据为由阻止农户机收小麦，就是简单粗暴的错误决策。基层是我们党和政府在人民群众间施政的主要环节，可碍于基层存在的业务负担重、能力不足等客观现实，这往往也是最易成为相关矛盾堆积和爆发的一个角落。

我们现在经常听到"给基层减负"，但是减负并不是不做事。举个例子，墙角是每个家庭都很重要的存在，有的人喜欢把垃圾往墙角扫，有的人喜欢把装了垃圾的桶放在墙角。可是，墙角的垃圾堆积太明显了我们会装起来，桶里的垃圾如果满了我们就会去倒掉。要是什么垃圾都往墙角堆，那么墙角就不再"低调"，会非常影响观感。基层要对接很多业务，面临很多考核，客观上的压力是存在的，但很多时候是因为缺乏科学的思维去处理这些"负担"。

从保护环境到变相抹黑环保，其根源是无法正确认识和理解相关思想和政策，缺乏科学思维。为了不影响空气质量检测数据，就阻止农户机收小麦，涉事单位是"减负"了，但是问题能解决吗？将一个"怎么做"的问题变成一个"该不该做"的问题，就导致了"真解决与假解决""真环保与假环保"这样的问题。因而，引导基层加强学习、增强认识很重要，千万不要误解了相关政策，更不能执行起来走了样。

让真相回归　乱港媒体当休

（2019 年 8 月 15 日）

无中生有、虚构杜撰、诽谤构陷，以谣言为真相，以情绪为正义……近日，在香港暴动中，有的新闻媒体已经丧失了职业操守和良知底线，他们的报道成了煽动暴力、挑唆矛盾的工具，成了暴徒嚣张跋扈、藐视法律的武器。

暴徒袭击警察，这些媒体称之为"和平示威"；警察自卫反击、维护治安，他们称之为"暴力镇压"。暴徒冲击中国香港立法会大楼、打砸破坏、挑衅警察，他们没有批评；暴徒冲击中央驻港机构，侮辱中国国徽、国旗，他们没有被谴责；香港警察依法抓捕破坏社会安宁的暴徒，他们称之为违反人权。他们号称中立，却以"双标"行事；他们言必自由，却撑"犯罪"主张。是捣乱，更是作恶！

对公民自发的"爱国护港"行动，他们视而不见；对大多数香港市民"恢复香港法治和社会秩序"的诉求，他们装聋作哑。每有非法集会，他们永不缺席，就像嗅到血腥味的鲨鱼，等待的是另一场由新闻制造的狂欢。作为媒体，他们罔顾"真实"这一新闻生命，镜头里充满着谎言，他们是媒体之耻，更不配被称为媒体。

暴徒围攻警署、投掷汽油弹，他们依旧将最大的恶意投向了警察。警察的"忍辱负重""文明执法"，他们看不到；激进示威者的"血腥暴力""是非不分"，他们看不到。颠倒黑白是他们的常态，罔顾事实是他们的姿态。他们将质问扔给中国香港特别行政区政府，将责难扔给中国香港警察，却听不见大多数人"谴责暴徒""支持警察"的真实心声。是虚伪，更是罪恶！

让理性回归　乱港暴行当休

（2019年8月16日）

以"自由""民主"之名，裹挟情绪、呼吁冲突、破坏法治，这是自私的"自由"，是民粹的"民主"，是对真正的自由民主的侮辱。理性一旦消亡，疯狂便席卷而来，如今的中国香港正在这种疯狂的蚕食下摇摆，让人忧虑。

香港特区的社会经济秩序已经遭受巨大破坏，那些激进示威者已经沦为暴徒，他们设置路障、阻拦地铁、瘫痪机场、冲击政府机关、袭击警察、辱骂围殴游客，让市民的生活受害，让游客的身体受伤，让两地的往来受阻，让香港特区的形象受损，也在让越来越多的人对香港特区失望。如果香港特区因此不再繁荣，那么它一定是被自己抛弃的，是被那些激进示威者亲手埋葬的。是悲剧，更是耻辱！

从合理的诉求到非法的索取，从平和的示威到不断出现的违法犯罪行为，暴力事件一再升级，示威抗议活动的性质早已改变。走上街头的青年要醒醒，这还是当初的"和平示威"吗？满目疮痍的街道，人心惶惶的夜景，坐立不安的氛围，让人望而却步的香港特区是你们想要的吗？

理性不存，暴力不止。如今，"止暴制乱、恢复秩序"是香港特区的唯一出路。如果你希望香港特区变得更好，应该是去建设它，而不是去破坏它。任何合理的诉求，都不会以非法途径为主要表达渠道。

心中仍存善念的青年请放下心中的偏见，在大是大非问题前，要明辨是非、恪守正道，不人云亦云、盲目跟风。香港特区目前的局势让人担心，已经有数十个国家发出不同程度的旅游提示。这是谁造成的？为违法暴力行为辩解、为犯罪嫌疑人争取自由，怎么就成了"民主"？是无理，更是无耻！

让正义回归　乱港之徒当休

（2019年8月18日）

香港特区暴乱，是一系列有预谋、有组织、有针对性的违法活动，甚至已经出现恐怖主义倾向，对地区安全造成威胁。乱港之徒其心可诛，乱港之举千夫所指。

煽动青年违法犯罪，"乱港头目"自己乃至其亲属都躲在后方，是无辜，还是狡猾？拿着外国护照久居中国香港，却想着颠覆香港特区政府，最终剑指"一国两制"，到底为了什么，又是谁在背后支持？示威抗议活动是表象，随着暴力不断升级，违法犯罪事件不断出现，在渐趋复杂化的背景下，乱港之徒一个又一个的真实面目被揭开，这是一场内外勾结、卖港求荣的政治策划。是阴谋，更是祸港！

面对日趋紧张的香港局势，一些西方政客多次横加指责中国香港特区政府维护稳定、打击犯罪的行为，他们不以"违法暴力"为耻，反以"破坏法治"为荣，甚至在特殊时期与"港独"分子会面，这些人代表的势力到底在香港暴乱中扮演什么角色？

理性的示威者要认清事实，切莫一而再再而三地被利用。所谓正义，是用来保护他人，而非伤害他人，是用来维护社会安宁，而非破坏社会安宁，是用来让事实更有力，而不是把这股力气用来污蔑真相、暴力犯罪的。真正的正义，是让应该受到惩罚的人被严惩。借着示威抗议活动趁机实施暴力犯罪的人，煽动你们走上违法之途的人，才是你们真正的敌人。是暴徒，更是祸端！

一个人不爱国，那是很丢脸的

（2019年8月26日）

"一个人不爱国，甚至欺骗祖国、背叛祖国，那在自己的国家、在世界上都是很丢脸的，也是没有立足之地的。"

（一）

香港回归之后，香港同胞成了堂堂正正的中国人，他们的背后站着的是强大的祖国，这份骄傲是深沉的。

对比香港回归之前，经历过艰难困苦，更知幸福不易。当年在也门撤侨的时候，一个小女孩牵着解放军战士的照片让我们感动，在海外能够记着我们并且尽一切努力保护我们的，还是祖国。

我们为什么爱国？因为祖国就是我们的坚强后盾。

在战争纷乱的土地上生活是没有尊严的，因为你将不得不面临许多身不由己的无奈。

如果你本身就身处于一个和平稳定的社会而不知珍惜，那是非常可耻的。

看看饱受战火的中东地区，看看成千上万人出逃的场景，还记得那个溺亡在土耳其海滩上的叙利亚小男孩吗？你希望自己生活的地方真的变成这样吗？

（二）

2019年6月以来，"港独"分子挑起游行示威活动，激进示威者不断制造暴力事件。

从2019年7月开始，游行示威活动已经严重扰乱了社会秩序，示威者冲击中国香港立法会大楼、污损国徽、围攻路人，对香港的国际形象造成了负面影响。

进入2019年8月，那些被网友称为"废青"的示威者更是做出了侮辱国旗、挑衅警察、围攻警署的行为，甚至有人朝警署投掷汽油弹，还有人用仿真枪械攻击警察，他们设置路障、阻拦地铁、瘫痪机场、殴打恐吓内地游客和记者……一切都在朝着一个糟糕的方向发展，已经有数十个国家对此发出旅游提示。

香港还是那个繁荣稳定的香港吗？

随着一系列违法犯罪活动的出现，我们已经清楚了，这就是一场打着"反修例"幌子的有组织、有计划、有针对性的暴动，最终是想推翻现行香港特区政府，挑战国家主权和"一国两制"原则底线。

游行示威活动中出现的美国、英国等旗帜，耐人寻味。

游行队伍中出现的外国人身影，让人不解。

更有人拍到分发钱财鼓动青年上街示威的画面，因而也有网友吐槽"一天游行几千元，废青是把示威当赚钱工具"。

香港特区政府多次表示修订《逃犯条例》工作已彻底停止，但是那些"黑衣人"依旧肆意践踏法治，恶意破坏社会秩序。

（三）

另一方面，广大爱国爱港人士举行了"撑警察护法治护安宁""反暴力救香港"等和平集会，前后有70万香港市民参加，支持"一国两制",支持香港警察依法守护香港安宁,反对乱港分子的违法犯罪行为。

香港社会各界团体组织、艺人也纷纷发声,表达对"一个中国"的强烈认同,对乱港暴行的强烈谴责,用自己的行动影响凝聚更多人的爱国共识。

如果香港乱了,最终遭殃的还是香港人。

英国大爷、希腊大爷、中国香港大爷面对"港独"分子,批评毫不留情,有理有据……这些大爷的话,那些示威者敢于面对吗?一位在香港生活多年的澳大利亚老人参加了"反暴力救香港"集会。他说,一些激进年轻人认为,通过摧毁人们建立起来的现有的一切,就可以得到"自由",这个想法太荒谬了。诉诸暴力,有用吗?动脑子想想吧。

(四)

在海外,"港独"分子为了制造舆论,也在举行游行活动,但是中国的海外留学生并没有坐视不理。

澳大利亚、加拿大、英国、德国等纷纷出现了中国国旗飘扬、中国国歌回响的画面,一个叫"留学生合唱团"的组合便因此诞生,所有爱国留学生都是重要成员。这才是中国青年的样子。

我们也看到了无数的华人华侨为了中国而发声,虽然国籍可以改变,但他们的祖籍永远不会变,因为他们是华夏子孙。

虽然我们大多数的人对香港暴动有了比较清晰的认识,可是有的乱港媒体却并不这么认为,他们宁愿"装瞎"。

断章取义、杜撰造谣、诋毁诽谤,这些媒体和乱港分子勾结,不断将压力施加给香港警察,不断扭曲事实、抹黑香港特区政府。

1614名警员及其家属的信息被泄露并被骚扰和攻击,这在任何一个地区都是不被容许的事情,但是这些媒体选择了无视。

(五)

本该客观公正的媒体如果选择了误导性的报道,那我们该怎么在舆论场发出自己的声音?

"饭圈女孩出征""帝吧网友出征"是非常有意义的事情,反映了网络一代青年爱国的本质。

本来追星的"饭圈女孩"因为无法忍受海外网络上对中国的污蔑,自发自主站了出来,齐齐向有害言论反击。"帝吧网友"亦是如此。

为什么年轻的中国网友一下子好像都通过不同渠道站出来了,因为,爱国是我们的本分。

或许他们大多数的时候谈论的可能是某个明星,但是他们追逐的最大的明星是五星红旗上的星星。

"我们都有一个爱豆叫阿中""饭圈女孩为阿中哥哥打CALL"等话题引发超过110万条讨论,阅读量逼近20亿,这是青年网友的力量,更是青年网友的爱国情怀。

(六)

在这段时间,有些内地网友对香港市民的态度有些不解,"为什么不直接上去和乱港分子对抗"的疑惑自然存在。

因为,有的爱国人士在与"港独"分子交锋后,个人信息被泄露,更要遭受恶意举报的困扰。

你要是一个企业主,他们就可以匿名举报你偷税漏税。

你要是艺人,他们就可以人为制造黑料诋毁你。

甚至于还有人污蔑你,说你支持"港独",要拉你"同归于尽"。

唯有感同身受,你才能理解有些人发声的不易。

作恶者逍遥，我们自然心寒。但正因此，我们的网络舆论更不应给有害思想生长的空间。

因此，无论是"饭圈女孩""帝吧网友"，还是我们的"留学生合唱团成员"，都要注意保护自己的信息，以免遭受伤害。也希望更多的人，能够坚持基本的是非观、善恶观、正义观。

（七）

遇到压力、受到挫折、面对负能量，我们是不是就该退缩？

很多人在这个时候恐怕都会有"打退堂鼓"的想法，但继续坚持，你会发现和你一样的人有很多，你并不孤独。

在过去的这两个月，中国网友最关心的莫过于香港暴乱这个事，"守护香港"话题的阅读量突破94亿，参与讨论量突破238万，这才是真正的主流和大多数。

无论如何，香港都是中国的香港，香港永远是中国的一部分。

香港的命运牵动着我们14亿中国人的心，可喜的是，我们看到广大爱国人士在网上、海外澄清事实、批驳谣言、打击"港独"。

这是一场包括网络青年、海内外青年等在内的广大爱国人士积极参与的捍卫民族尊严、维护国家主权、凝聚社会力量的伟大爱国运动。

在纪念五四运动100周年大会上，习近平总书记说："面对复杂的世界大变局，要明辨是非、恪守正道，不人云亦云、盲目跟风。"对于我们广大青年而言，这样一句话何其重要。

所以，如果你问我为什么要爱国？我会告诉你，这就是我们要恪守的正道，这就是我们要明辨的是非。

不爱国，你什么都不是，到哪里都没有立足之地。

育英观语

上游之志

谈政时言

世俗见论

· 杂说相音 ·

希望每个人的梦想都能开出一朵花

（2015年8月30日）

"我有一个梦想。"听到这句话时，很多人应该会联想到美国黑人民权运动领袖马丁·路德·金的那场著名演说（1963年）。当一个在社会中遭受压迫的族群，也就是我们大众意识里的边缘人群，发出了对自己梦想的呐喊，寻求打破困境的方法时，我们或许也应该思考：有的时候，我们是否也要做些改变？

电影里的两句台词，曾给我留下了深刻的印象。一句是《喜剧之王》里的："一个人如果没有梦想，那跟咸鱼有什么分别？"另一句是《少林足球》里的："梦想还是要有的，万一实现了呢？"显然，梦想并不是鸡肋，不是虚无幻想，虽然梦想未必都能实现，但为之奋斗的激情却足以点亮我们的人生。

梦想应该是甜美的，可是很多人的梦想是苦涩的；梦想应该是值得尊敬的，可是很多人的梦想是被用来打击的；梦想应该是给人开启一个崭新的世界，可是很多人的梦想是告诉我们此路不通的。如果梦想点亮不了人生，人们也就很少谈论梦想了，最后便都遗忘了自己最初的梦想。

有的老师在课堂上做过这样一个游戏，让每个孩子都站起来告诉大家自己的梦想是什么，然后说说自己为什么有这样的梦想，以后打算怎么做。结果表明，越是低年级的孩子，梦想越是五花八门，包括国家领导人、科学家、企业老板、侦探、演员等之类,且他们选择这些梦想用到的高频词多是"聪明""善良""英雄"等。而高年级的孩子则大多选择找一份稳定的工作,且他们也大多用"工作轻松""岗位稳定""薪资较好"这些标准去衡量自己的选择。

当高年级的孩子被套上了生活的枷锁,梦想也就成了一个廉价的词汇。不禁要问,是谁剥夺了我们勇敢选择梦想的机会?是恐惧吗?为什么恐惧?恐惧困境生活,恐惧自身无能,恐惧得不到好结果的付出?

如果你问那些天真的小孩,他们的梦想要是完成不了怎么办,很多人也许会反问你:"为什么会完成不了?"这句话很对,为什么会完成不了?面对梦想,害怕失败也就已经走向了失败。

因为无力,所以随遇而安;因为无能,所以顺其自然。无论是用何种借口消解追逐梦想的渴望,我们首先要问的是自己,"我努力了吗?""我努力得够吗?"如果你还不曾努力,抑或努力得还不够,不妨先尝试。你不睁开眼,不会发现世界给你带来的惊喜,而这一切都需要你亲自去体验。

可是,在实现梦想的最后几步停下脚步,并最终选择放弃的例子并不少见。虽然我们也知道,人还是需要梦想的,再坚持一下就好,但我们也常常给自己泼冷水,"那又有什么用?反正也实现不了!"

我也问过自己,面对梦想,为什么还没开始,我们中的很多人就开始退缩了?为什么还没有努力,我们就先主动放弃了?为什么快要成功了,我们却不再坚持了?

想起小时候用零钱买棒棒糖的往事,一个五角钱的棒棒糖就可以让我乐上一整天,可是现在就算给我一百根棒棒糖,却再也找不回曾经的那种趣味。有些事情,不是等你以后有了基础就可以重来,错过了,那就是一段岁月,你只能回忆而不能改变。与最初的梦想相伴的应该是最初的奋斗，千万不要让自己留下遗憾。

　　毕竟，我们也是慢慢从低年级的孩子变成高年级的孩子，从意气风发的少年慢慢接受时间的沉淀。梦想，会在等待的缝隙里，会在犹豫的蹉跎中，流走消失。

　　梦想，也会老去，直至死去。

　　让我们死在梦想里，或许是件幸事。让我们活在庸庸碌碌的节奏里，或许也是一种悲哀。让我们向将死的青春告别吧，可你真的愿意吗？眼泪、辛酸、失败、被质疑的可能、被嘲讽的未来、被忽略的不甘，在这之后，我们应该还有深深的期待。

　　对了，我还有一个梦想。我希望每个人都能寻到自己的梦想，并为之努力奋斗，看得到阳光，享受得到温暖。以后的路，陪你走的人可能会越来越少，但请坚持下去，总有一种思想的力量陪着你。

谁能告诉我祖国是什么

（2016年3月28日）

青年朋友们，你们谁能告诉我祖国是什么？"祖国"这个汉语词汇究竟代表着什么？我们是否对自己的祖国有更深刻的了解，我们是否对"祖国"二字的意义有足够的理解？在中国，也就是我们的祖国，我们对祖国的认识有所差异，出自不同的成长环境和教育环境下的价值偏差，出自不同生活层次的选择分歧，我们对同一个事物都会有不同的看法，对待"祖国"依然如此，有些人更是对"祖国"剩下了并不太多的感情，这样的现象让人担忧。

青年朋友们，你们爱国吗？如果我这样问，你们中的一些人是否会带着不屑嘲笑我的"无知"？"爱国？莫名其妙的问题，这个国家爱我们吗？"你是否会这样回答？要是我换个问题，"你对这个国家有哪些不满？"你是否就会认真地和我诉说苦水："房价太高，物价太高，感觉社会很现实，生活压力太大，谈理想也只是一种奢侈……"我想我们需要一种声音，我们需要一个平台让人们知道我们的困惑，只有清楚了青年朋友们的困境，"爱国之惑"才能迎刃而解。

青年朋友们，市井小民也可以有天下大观，出租车司机也可以和你大聊时局，不管我们身处何种环境，扮演着何种角色，无论是你眼中"看不起"的小人物，还是你"不愿当"的普通人，其实都并不妨碍我们对这个国家的热忱，对国家的关心，对这个我们依恋已久的国家的喜欢。也许我们背负了许多压力，但是从没有任何一个时期，我们的青年朋友生活在这么好的时代，因为我们享受了太多来自历史文明的盛赞，而这次我们将从国家崛起中找到属于我们的力量。

青年朋友们，你并不普通，注定不会只过着平凡的生活。磨难和挫折只是一种磨砺，我们也将越来越锋利，在一个合适的时间，在一个合适的场合，绽放我们的光芒。《孟子》有言："天将降大任于斯人也，必先苦其心志，劳其筋骨，饿其体肤，空乏其身，行拂乱其所为，所以动心忍性，曾益其所不能。"这与我们中的一些朋友所遇到的情况何其相似？

青年朋友们，请不要埋怨生活，请善待生活。我们看到的社会问题越凸显，我们应该履行的责任也就越大，我们需要为此而做的事情自然也就越多。我们要主动地参与社会建设，将我们看到的感受到的那些社会的病症解决掉，我们改变不了过去，但是我们可以创造未来，不要说我们做不到，千万不要说我们做不到。

青年朋友们，我们对祖国的热爱是值得的。无论何时何地，祖国就是我们背后最强大的依靠和支持。国兴则民强，尤其是身处异国他乡的海外侨胞，对"国家是国人的脸面"感受最为深刻，对祖国的感情也更是汹涌澎湃。因为只有祖国强大了，我们才能活得有尊严，才能在国外挺起胸膛。出国了，很少人会去关注你是谁，但他们会分清楚你是不是中国人及你使用的文字和语言，他们更关心你来自哪里，至于你要去哪里，那就是你自己的事了。国家不强大，自己再强大，有时候也是很累的。

历史上，暂不提曾经的辉煌，只论近现代我们的国家遭受的屈辱，你能想象到那份苦涩和痛苦吗？鸦片战争，甲午海战，八国辱华，一次又一次的失望，甚至连日俄开战都选在了我们的国土上，我们还有尊严吗？我们还有荣耀吗？我们还有所谓的民主与自由吗？祖国是实现我们梦想的地方，祖国受到了压迫就等于我们受到了压迫，祖国变得贫弱就等于我们变得贫弱。祖国不在，何来我们？试问，一个连根都丧失的人，谈何梦想？

青年朋友们，我们的国家能够给我们足够强大的支持，也请你们善待这个国家，让她越来越好。有的人可能受到舆论的误导，对我们的祖国有一些误会，也请你学会理解祖国，维护国家的尊严。我们的国家要走向真正的盛世复兴，还需要一段时间，而我们就将成为这段时间里的重要力量，我们的身上也被赋予了伟大的历史使命。"你从哪里来"请多问问自己。无论何种情况，我们都要记住，只要我们一天是中国人，中国就不会抛弃我们。当然我也明白一些朋友的困惑，请你听我说完最后一番话。

青年朋友们，毋庸讳言，这个国家得了一些疑难杂症。可是她是你的国家，不是别人的。你有责任和义务让她变得更美好，而不是嘲讽她，污蔑她，排斥她，丑化她。我们要的是一个越来越好的国家，不是一些人眼中的糟糕和丑陋。青年朋友们，如果你觉得国家还不如你想要的那般好，那就为之改变，投身到造梦者的队伍中去。如果你觉得你的能力过于单薄，无能为力，那就为中华崛起为祖国强大而努力奋斗吧。我们要的是一个越来越好的国家，离不开善意的批评和付诸实际的改变。青年朋友们，我们改变不了过去，但是我们可以改变未来。你可以为你昨天的无所作为找借口，但请不要为了明天的冷漠自私找理由，更不要把你的消极情绪负能量都归咎于国家。她的不好，你也有 14 亿分之一的责任，你有想过去建设她吗？

也谈"国人冷漠"

（2016年4月11日）

  关于"国人冷漠"这个话题或多或少已经成了一些人觉得无须讨论的内容了，冷漠便是冷漠，是不应该辩解的。新闻里报道的一些"冷漠现象"也让许多人寒了心，他们却看不到还有更多"不冷漠"的典型。受此"现象"影响，有些人也觉得自己应当随了这"冷漠"的潮流，使这正义不显。可我不愿见到这种情况。

  我们的青年，若是失去了那一身的热气，这个社会还能有向上的斗志，还能有自救的可能吗？

  青年朋友们，我希望你们能够学会保护自己和保护他人。保护自己，是希望你哪怕身处于一个"冷漠"的世界里，也要让自己有能够好好活着的勇气和能力。保护他人，则是希望你们决不能让自己的心"冷漠"下去，因为你们中的一些人之所以寒心不正说明那颗心原本该是热的吗？

  既然说是"保护"，那前提必然是遭遇了一些危险。这样的情况有很多种，这里也纯粹指在身体上能够带来的伤害，比如遭遇了歹徒、强盗、人口贩子等，我们不知他们身上是否带有利刃器械，但是他们的暴力性是极大可能存在的。虽然我们好些人都觉得这应该都是新闻里才会出现的，可我们谁也不能确定自己真的是否就这样一帆风顺不会遇见这类"突发情况"。

人类社会不是自然森林，"丛林法则"纵使依旧不落伍，但也不会那么赤裸裸和血腥，我们有自己的规矩，社会有基本的共识和约束，我们的生活里所能见的自然也就没有那么残酷。不过，打破规矩，违法犯罪者依旧是有的，所以生活也并非完全毫无"危机"。我们无须害怕未知的"危机"，我们需要一种自信，需要一种坦然面对"危机"的应对能力。

不妨多增加些需要注意的生活知识，多了解些应对危机的处理办法。当然，也不能忘记学些身体技能，加强锻炼，以期良好的体能和身体素质能够让你摆脱可能出现的危险。

这个世界上有好人，也有坏人。我希望你们遇到的都是好人，但是我无法保证你们不遇到坏人，所以我希望当你们在面对困难和危机的时候，能够有保护自己的能力，不至于那么慌乱和紧张。除了保护自己，我也希望你们能够保护他人，假使你有那个能力，也请伸一伸援手。当你看到一些良知尚存的人落入了危险的时候，希望你们能有保护他人的善意和仁念。尤其是身在校园中的青年朋友，一旦发现身边的霸凌现象和校园暴力的时候，希望你们能够挺身而出。我说的是"你们"，而不只是"你"一个人。

或许有些人会说保护自己是应该的，保护那些非亲非故的人是否把这担子说得太重了些？有些人认为，我们并非道德高尚之辈，并非逸气凌云之人，且这并非举手可为之小事，要求自己保护别人是否太苛刻了些？

我觉得，保护别人，也是保护自己，更是保护自己的亲友。为何这般讲？以小见大，由己推人，在你冷漠的情况下别人可能也会冷漠，一角社会的冰冷或将是一个时代的冰冷。保护别人并非要你拼尽自己的性命，只需尽你所能便可以了，要无愧于自己的良心。

当你尚不具备保护自己的能力，当你的亲友突遇危险困境，我们靠自己是没有用的，这也是现实。人类社会是应当有"良序"作为支撑的，我们每一个人都不应该失去向周边人求救并获得保护的机会，旁观者也不应该放弃那个保护他人的"责任"，这一切的中心都是围绕这样一个"良序"，最终也是为了自己。

对旁人多些理解和体谅

（2016年4月18日）

很多人都应该遇到过这样的情况，做一些事的时候不被人所理解，遭遇言语上的重重压力，或是被打击，或是被讽刺，诸如此类。当然，有的时候我们看到一些人或者一些事，我们也不甚理解，乃至表现出一副居高临下的姿态，自认为自己站在"对"的一面，那些都是不堪入目的，甚至有了鄙夷的心态和不愿为伍的嫌弃感。

人与人之间的对待是相互的，我们施加在别人身上不平等的目光，总有一天我们也可能会遭遇到。当我们寻求别人的理解和尊重的时候，我们或许曾经也这样否决了别人同样的希望。一辈子大大小小总是要遇到很多坎儿的，谁也不知道会在哪里跌倒，谁也不敢确定自己永远顺顺利利。我们需要保持一颗善心，这样在任何情况下都不至于太过被动，总归是会碰到理解和尊重自己的人。

我希望你们能够学会"理解"，宽以待人，尊重不同的人和不同的事所存在的合理性，千万不要让那抹阴暗的情绪染湿了你的双眸。

前几日，阴雨天，空气有些燥热。在我打算紧着时间赶回家时，在楼梯口看到了一名普通工人在背着一块远远高于大于他身体的木板。我便稍放缓了脚步瞄了他几眼，至今还记得那沉重的喘息，可以感觉到他背上的压力。他的衣服也不知是被汗水浸湿了还是被雨水打湿了，让人看着难受。可他仿若旁人不在一般，就这样慢慢地与我擦肩而过。

我心里想着这样的一类人是否生活很辛苦,很多人笃定地认为辛苦是必然的,更会告诫自己:不能走向这样的人生。

无论是否真是生活中的大苦大累,在那一刻,体谅别人的"辛苦"是一种理解,不表现出嫌恶的表情是一种尊重。每个人都不可能完全一样,不一样的面孔,哪怕只有最细微的变化,都在告诉我们他们是不同的个体,注定会有不同的选择和方向,有些归之为命运,有些归之为偶然,可那都是他们的人生。不嘲笑别人的人生是一种优雅,哪怕别人并不是那么光鲜亮丽地活着,也请理解他的完整。

你可以保持你的不同想法,也可以继续保持你优雅的微笑。两者并不冲突,也不互相妨碍。

思来想去,无论我们是否淡去情与念、淡去名与利,都难以淡去曾有的瑕疵,我们还是应当真诚地回应自己心里的声音——我们并不是那么美好。我们会犯错,会在错的路上走上多远多深我们不知道,可我们要知道,错不是我们的选择,对才是我们的目标。这里所要强调的错是指我们对人的不理解与不尊重,进而让错误的观念横行在自己的视野里。

若想改变,那又该如何做,又该如何去面对这些呢?我想说的是,世间万物哪有那么多的解决办法?很多时候全凭一颗心。

有一次在过天桥的时候,我看到一个孩子在地上玩耍,顿时来了兴致。我发现她的母亲在一边乞讨,若是有人给些硬币,她就笑着说声谢谢。不知是不是孤儿寡母,孩子玩得很开心,反复倒腾着手里的玩具。这时候玩具好像不动了,孩子有些不乐。一个在旁扫地的环卫阿姨看到了就走过来弯下腰,她按了几下玩具,玩具重新动起来了,此时两人不约而同地笑了。那一幕很美,我一直记着。

我想,幸福并不一定要和物质挂钩,我们都可以奔向最小的幸福感。如果你能理解这些被我们称为"可怜人"的普通人,那良善的风气必然兴盛。有的时候不要过分执着于心魔的既定认识,有些我们认为的答案,只是我们认为的,并不一定都是事实,也并不是所有事情都可以用"举例论证"的,要睁开眼睛用心去聆听这个世界给你的答案,如此便好。

舆论场上当如何

（2016年5月4日）

我个人比较关注整个社会的价值导向，比较关心广大青年的思想走向。有的时候，我都会好好想一想，当前的一种舆论风势是否有问题。

提到舆论，自然是离不开网络的，目前的主要舆论场便是网络。那么在这样的一种网络环境下，我们的青年朋友应该如何做，又该如何去对待你所看到的诸多舆论事件呢？我认为，青年"义士"应当在网络中做好舆论发声者的表率，针对一些助推无序和价值错误的言论要进行批驳，当然也应当在一些具体问题上用好自己的批评权利。

当我发现整个社会的公共舆论存在一些虚伪正义和夹杂欺瞒性的价值颠覆现象时，一般会主动地发声，对的就支持，错的就批评，但总归是希望这个国家和社会能够越来越好。

在这一过程中，我们可能会遭遇许多压力和困扰。有很多人在舆论事件面前仅仅是为了宣泄自己的情绪，还有一些人则是带着某种目的参与了这样的一种舆论攻击。这个时候理性的声音就很重要了，哪怕未必能够获得大多数人的支持，但是只要有人看到了，只要有那么几个人为此改变了，那么效果就是好的。因为，这至少能够从本就偏颇的思想空间里唤醒几个人。这也是我觉得担当这份责任的重要性。

实际上，通过网络传播渠道，扭曲社会价值观念，在人们的身上根植错误的思想种子，并不是不可能发生的。我们必须认清一点，很多青年网民，正处在人生重要的成长期，心中有一股向上的热流，用得好就是振奋人心的动力支持，用不好就成了情绪式的激愤与躁狂，这是需要我们重视的。

这些青年朋友恰恰也是最容易被误导的。我们必须有一定的责任意识，在他们成长的过程中，给予思想上的帮助，纠正他们的错误。

网络早就已经不再是独立于现实世界的存在了，线上的思想会影响线下的行为。网络上的一些涉政谣言和挑起错误情绪的极端言论，假如蔓延到线下，那定然会给整个社会带来巨大的破坏，甚是复杂。

正是因为复杂，我才觉得，作为一名青年，尤其作为一名能够有所作为的青年，在面对这种情况的时候，必须挺身而出，必须要有所作为，要敢于发声，勇于进行网上意识形态斗争，壮大网上主流舆论，营造清朗网络空间，促进网络生态向善向好。

正确的思想信念如果被动摇了，合理的价值观念如果被击溃了，那么这个由人组成的社会还能撑多久呢？先哲有言，士不可以不弘毅。青年朋友们，我也希望你们能够以"义士"的目标要求自己。

关于一些事情的价值判断，对就是对，错就是错。只要是对的，哪怕只有你一人坚持，也请你保持无畏之心。因为在不经意的巧合间，你会发现，还有一群同你一样的"义士"与你一样在践行正义价值的标准。

你是什么样子，祖国的未来就是什么样子

(2016 年 5 月 30 日)

祖国的孩子，身体尚且单薄、年岁尚且还小、个子尚且不高，但那些坚信成功含着眼泪也会爬起来的孩子，在很多的时候总是能让我们开心地笑出来，也能够让我们看到希望。

在很久很久之后，这些孩子的个头够高了，力气够大了，脑袋够聪明了，阅历够丰富了，他们必将会创造一个新的世界，创造新的辉煌。

孩子是祖国的未来，并不只是我一个人的观点。无论是七八点钟的太阳，还是风雨中不倒的竹林，他们一直是这个国家未来的主力军。毕竟，我们也曾牙牙学语、蹒跚学步，后来一个步子，一个年段，到了现在的"长者"，成了他们口中的叔叔阿姨，并尽可能地为改善这个社会贡献自己的力量。

我想对少年儿童们说，你们在多年以后也就成了现在的我们，或许你们会更优秀，能够发挥更大的作用；或许那时候的社会已然解决了许多矛盾和问题，你们将更幸福。无论如何，我们都不能轻视了你们，不能忽视你们的重要性。

对你们来说，青春或许才是你们最难忘怀的，或许才是你们最难放下的记忆。在这青涩年华里，春雨或许才是你们最大的幸运。虽然，你们很有可能会因为被淋湿而感冒，因为挫折而一蹶不振。但我

想，我还是应该祝福你们，少给你们些生活的压力，多给你们些善意的提醒。

青春应该是一杯香茶，孩子，你要把自己的生活遭遇当成泡茶的享受。哪怕站在风雨飘摇的十字路口，都要从冷静中汲取智慧，保持强大的内心。

青春是什么？苦涩、失败、痛苦，流年里不懂人事的"傻"，时间长河里未曾醒悟的后知后觉，攀登成功阶梯时的跌跌撞撞、后退又前进。除了这些，青春就没有好的方面了吗？

当然是有的。虽然一些没有结果的付出，得不到最终想要的答案，让你们倾尽了眼泪，可是这段岁月里陪伴你们走过的人，以及你们曾经亲身参与过的那些事情，最后都会汇聚成一笔独有的财富，那就是你们的青春、你们的宝藏。

就像浓郁的茶香，就像被时间沉淀下来的"味道"，我们的青春在经历了那些不管是不堪还是小确幸之后，总会反馈给你们一个意外的答案。积累的成熟，收敛的骄傲，正如雨后的龙井，别有一番韵味，内生的强大被添加了诗意的故事。正是我们的青春，也可以只是一杯茶的故事。至于如何品，品出什么来，都是每个人的心路历程，都是你们的青春最后结出的果实。

不管过程多么艰难，不管压力如何巨大，不管脚下多么坎坷。崎岖的小路最后都会变成平坦的大道，你们的双脚将会走出一条坚实的道路。

一代又一代成长起来的孩子，成了社会的建设者和接班人，把社会建成我们想要的模样。不仅是经济上的富裕，还有精神思想上的丰富，在物质条件满足之余，我们的生活也多了许多享受。这些，都是曾经的孩子在每一个当下的"今天"带来的惊喜。

我也始终相信，就在你们的中间，一定会出现许多了不得的人物，也一定能够改变这个世界。虽然你们还小，可是你们的路很长。祖国的明天，需要你们的努力与奋斗。祖国的未来，也正是你们心中的样子。

如果你的心中是一片彩霞，那就给祖国的明天画上一片彩霞；如果你的心中是一汪碧湖，那就给祖国的明天添上一汪碧湖；如果你的心中是一座巨峰，那就给祖国的明天扎下一座巨峰。总之，你的心中是什么样子，就会把祖国变成什么样子。什么样子的祖国，也取决于什么样子的你。这个"中国梦"的交接棒最后还是会交到你们的手上，也需要你们去护航。

请不要辜负明天的自己

（2016年6月1日）

2016年5月31日，在"六一"国际儿童节即将到来之际，习近平总书记给大陈岛老垦荒队员的后代、浙江省台州市椒江区12名小学生回信，祝他们节日快乐，祝全国小朋友节日快乐。习近平总书记在回信中寄语道："希望你们向爷爷奶奶学习，热爱党、热爱祖国、热爱人民，努力成长为有知识、有品德、有作为的新一代建设者，准备着为实现中华民族伟大复兴的中国梦贡献力量。"

中国梦终归是每一个人的梦，是全国所有孩子的梦。大陈岛的建设者，垦荒创业60年的坚持，就是在追求他们的中国梦。如今他们的孩子牢记长辈的奋斗精神，立志长大报效祖国，这也是中国梦精神"大手拉小手"的传承和延续。

每个人都是有价值的，都是能够发挥作用的，孩子更是希望，更是未来。因为，每个人都是从孩子长大的。英雄如何？伟人如何？不都是从孩子的阶段过来的吗？

我们应该明白，幸福从来不会是从天而降的，既是需要我们用双手去创造的，也是由那些早于我们慢慢成长起来的前辈努力奋斗的结果。因此，为了明天的幸福，也为了不辜负今天的幸福，孩子们应该从小学习做人，从小学习立志，从小学习创造，好好学习，天天向上。

或许孩子们还是太小，很难让人将他们与国家兴衰和民族命运相联系。可是我们不能忘记，参天大树也是由嫩芽而来，虽然矮小和脆弱，可是破土而出时的那股韧劲，在风雨中坚挺的那种执着，却是一点也不弱小的。这是孕育在平凡中的伟大，也是在与我们讲述一个伟大故事的开端。

当代的中国少年儿童正生活在一个美好的时代，他们享受着伟大祖国繁荣、富强、昌盛的幸福成果，也将放飞梦想、施展本领、报效祖国，让个人梦想放射出更加灿烂的光芒。

我希望，孩子们要有一种责任感，身怀天下的责任；孩子们要有一种担当感，肩负正义的担当；孩子们要有一种使命感，承担建设社会的使命。正是因为要有这样的责任、担当和使命的觉悟与认识，孩子们才更应该了解并且坚信不疑，自己就是国家和民族的希望，就是社会未来的希望，就是明天的希望！

展望未来，我们并不缺乏希望，因为一切都有可能发生，孩子们拥有创造未来的能力。当然，我们也拥有这样的能力，只要不放弃。

心有志向，不惧风险。你也必须下定决心并为之努力和奋斗，千万不要辜负明天的自己。让今天播下的种子在将来有一个丰硕的收获！

用更宏大的视野看待自己

（2016年4月5日）

"责任，担当，使命"这三个词是我一直所强调的，如今之所以拿出来说一说，也是结合当前复杂的舆论环境及诸多的社会现实，有感而发。

先说责任。我认为我们每个人都有责任去维护国家的尊严，去稳定社会的秩序，去消除人群中的毒瘤。当然，很多人会觉得这样说压力太过巨大，我们大部分人毕竟是势单力薄的个体，又如何能够发挥那般重要的作用？可是，如果我们连心中坚持的那份信念都丧失了，那就更不用谈论什么可行与不可行，因为一开始便败了。习近平总书记说过："国家的前途，民族的命运，人民的幸福，是当代中国青年必须和必将承担的重任。"作为青年，我也一直认为，在社会进步、国家发展的过程中，我们有着不可推脱也绝对不能推脱的责任：士不可以不弘毅，任重而道远。

再说担当。担当不是套话，也不能成为"套话"，可也不是谁想担当就能担当的。能够担当的前提是，你要主动认识到自己有这份责任，然后就是你具备可以担当的素养，或者是能力。有担当并且敢于担当的人能够成为社会的中流砥柱，他们是国家强大的坚硬基石，他们是民族复兴的强大后盾。因此，我们培养有担当的青年很重要。不仅要有主动担当的意识，更要有敢于担当的气魄，还要有能够肩负担当的能力。我们的青年党政领导干部也一样，行事要有担当，为人要有担当，执政更要有所担当；要向人民负责，要向领导和下属负责，更要向自己负责。为何要向自己负责？因为身体是一切的本钱，如果身体都垮了，还如何实干，还如何实干兴邦？

最后说使命。或许大部分人可能并不觉得自己身上有什么使命的存在，认为平平凡凡的一生就该是波澜不惊、风轻云淡，然而从来也没有人说过"伟大"就得是多么的汹涌澎湃，我们要学会体会"平凡之中的伟大"。人是要有理想的，最好是能勇敢地向着梦想奔跑，没成功也是不打紧的，因为我们还年轻。只不过，我们应当逐渐掌握知耻而后勇、知难而上进的毅力与智慧。毕竟，我们的肩上都有一份使命，是历史选择了我们，我们要做的就是创造新的历史。是的，我们的历史使命就是创造一个新的历史，一个对得起荣耀的历史。在我们生活的这片土地，在我们脚下这几千年的文化土壤之上，我们必须牢记我们的历史荣耀，我们必须牢记我们的历史使命。

我希望每一个同胞都能够知道自己的责任，履行自己的担当，铭记自己的使命，时刻提醒自己："我"不是一个人在前行，"我们"是中国的未来，每一个个体的"我"才是"我们"的力量来源。我们要记住，我们将成为中华民族走向伟大复兴的实践者和伟大历史的创造者！

青年朋友，请对得起你们肩膀上被历史文明赋予的盛赞。你们说的每一句话，你们写的每一个字，在我看来，都是这个世界上最伟大的奇迹。我们生活的这片土地，被藏下了数千年的岁月记忆。然而现在正被挖掘的最大的宝藏，恰恰就是我们的努力与果敢，我们的智慧与追求。

信仰之光必将照亮我们前进的道路，希望广大的青年朋友能够坚定理想信念，一道奋斗努力，弘扬正义。

高考失利不代表人生失利，路就在脚下

（2016年6月8日）

一年一度的高考结束了。许多学生奋斗几年的努力终于到了最后检验的时刻，只需再等些时间，一切便都有了结果。只不过考试成绩始终是有一个比较的，最后还要划录取分数线，有的人被大学录取，有的人则被大学拒之门外。无疑，考得好的人自然是心情愉悦，那么考得比较差劲的人又该如何？

习近平总书记曾经说过：“考上大学固然可喜，但没考上大学也不用悲观，更不能绝望。路就在脚下，一个人能否成才，关键不在于是否上大学，而在于他的实际本领。社会本身就是一个大学校，留心处处皆学问。只要你肯学习、能吃苦，没有读过大学，照样能成才。"

人生的路很多，一条路走到底是一种选择，多绕几个弯也是一种选择。我们的选择很多，路也就很多，高考是一种选择，但并不是唯一选择。考上大学固然可喜，因为从小就被告知的这样一条路自己也终于踏上来了。考不上大学也不用悲观，虽然这条路不好走，可是其他的路却还通着，依然可以前行，依然可以有所选择。

高考很重要，但是我们也不能把高考看得太过重要。有的人甚至把高考作为命运的最后一根稻草，这是十分不理性的，没有认识到命运眷顾与实际本领的关系。毕竟来日方长，十几岁的学生不该因为一段时间的落后而沮丧，因此就不愿再挪动脚步是不合适的。恰是因为已经落后人一步，我们才更该打起精神，提醒自己赶紧站起来，跑起来，要把被人拉开的距离弥补回来。

在这个时代，通往成功的路有很多，条条大路通罗马，条条大路通梦想，我们不必拘泥于一时的失利，更何况失利不等于失败。而且这是一个美好的时代，你们也正处在人生中美好的年华，你们拥有许多试错的机会，你们遭遇失败后，还可以站起来。这就是美好时代赋予你们的机会，你们还有许多选择。

在这个互联网信息时代，在"双创"的指引下，许许多多的青年正在乘风破浪，云中漫步，他们正在追求自己的目标。这是一个知识主导的时代，这是一个实现梦想的年代，只要你有创意、有想法、有目标，只要你能够为之努力奋斗，互联网都可以为你创造许许多多的机会。这时，你还会纠结于一场考试的失与得、苦与乐吗？孩子，那并不是你完全的人生。

我知道，有一些孩子难以接受高考失利的挫折，他们可能会闷闷不乐，也可能会心生抑郁。我也知道，好些孩子的抗压能力并不是很强，且又被父母赋予了重托和希望，他们觉得自己输不起，也害怕自己会"输"。我更知道，大多数孩子是将高考视为改变人生命运的一个转折点，尤其对那些家庭环境比较一般的孩子来说，这更是一个"上升"的契机。可是，孩子，高考真的等于你们的全部吗？

有的人会说，为了高考寒窗苦读，每次考试在压力中尽量不让自己落后太多，每次想要放弃的时候就咬着牙逼自己不能逃避，可是这最后的结果却并不尽如人意，没有自己想要的答案，那么这些年来自己做的到底值不值？

孩子，学习不只是为了高考，更是为了充实自己。如果你们把在高考中取得好成绩当成了学习的终极目标，那么高考失利后只会更空虚。如果你们把学习当成了补充自己知识，为自己增强本领能力打下基础，那么高考失利后你就会无所畏惧，因为你并不会慌乱地没有选择。

心态要放平，更需要放对。务必记住，高考是一种选择，但并不是唯一选择，追求幸福生活并实现梦想的关键在于你的实际本领。考上大学固然值得开心，考不上大学也没必要过度伤心，只要你把自己的本领练好了，面包会有的，梦想也会慢慢实现的。

青年，你只是败给了心中的弱者

（2016年9月19日）

　　大多数所谓的底层年轻人，展现了一种悲苦情结的面貌，他们把所有的失败和不成功归结于社会，归结于制度，归结于规则。

　　他们认为他们的不够好只是因为社会不够好，他们认为那些看起来比他们强太多的人都是资源的堆积，都是运气的集合，都并非有真正本事之人。这难道不是一种卑劣、低俗、自私、懒惰、丑陋的人性展示？

　　你不够强大，只能是因为你从来没有真正投身强大之路。问一下自己，你有目标吗？

　　这个社会既定的认知中，给许多类型的人贴上了"弱者"的标签，这本就是一件极其可怕的事情。相对的真正的弱者很少，在某种情境下的弱者很多，最大的问题是本可以抗争命运的人，拥有能力抗争命运的人，也从心中认同了自己"弱者"的身份，这是何其悲哀的现实写照？

　　有许多不愿接受社会同情与嘲讽目光的人，他们的自尊让他们在适当的时间清醒了，他们成了打破社会常规认识的典型存在。他们成功的最大意义是告诉你：梦想还是要有的！

　　他们也绝不会只是特例，当你们所有人认为这个社会没有特例的时候，这个国家与民族又该是大大的一进步。

面向未来，愿你收获更多美好

（2016 年 12 月 31 日）

回望过去的一年，我们是否变得有所不同？这次是否有别于我们曾经每一次的回眸？

或是前行，或是驻足，每个人都是一个小影，映照社会的一角：有幸福的感动，有失落的踌躇，有无言的沉默，有失而复得的喜悦，有再登高台的满足，有百感交集的无奈……

这是满满的一年，也是慢慢的一年。现在，又到了新的一年。虽然好的与坏的总是并存在现实社会里，但我们总归是要追求美好的。

仅凭这"追求美好"的韧性与意念，仅凭这"追求美好"的决心与抱负，纵使挫折复来也不过是一道水流，有的虽能掀起波澜，可却再也抵挡不住我们前进的脚步。

坚定信念，守望理想。祝愿你和你所珍视的人，都能在新的一年收获更多的美好。

职场新人要准确定位自身方向

（2017年9月22日）

有一些职场新人刚步入社会工作时，最喜欢的就是对单位的经营战略提出各种建议，但因为缺乏对工作的细致了解，许多建议非但不能获得认可，反而导致自身得到负面评价。这点应要引起职场新人的反思，职场新人应当正确认识自己的身份。

建言献策并非不可，前提是管用。作为职场新人，如果对单位的具体实践操作不甚了解，应该谨言慎行，而不是评头论足。倘若是希望凭借着自己的"奇思妙想"，进而引起领导的重视，恐怕想法只会落空，迎来的只会是负面差评。领导赏识人才，但是不代表会理解妄言之"才"。你给他的建议合理、管用，能够让他弥补不足、让单位发展更好，他为何不去采纳？

职责所在，执行才是第一原则。明晰岗位职责，我们就得恪守职责。职责往往是与权利匹配的。该是你做的事情，你要做，因为你有这个权利。不该是你做的事情，若是需要你去做，领导也会匹配给你相应的权利，所以你还是要做。如果不该是你做的事情，也不匹配给你相应的权利，那么这个事做不好反而是正常的。不过，领导既然把事情交给你，肯定是希望你做好，所以也甚少会出现让你做事还限制你的情况。此时，执行并完成任务，才是职责所在。

贡献值永远是领导最重要的考虑标准。很多的年轻干部，刚步入社会没几年，心里有着一股向上的傲气，总是觉得自己可以走得更高，认为现在的职位低了，待遇差了，缺乏一个一展抱负的平台，往往就导致职责分内的事情都没做好，却还在想着指点江山的尴尬情况。急迫想要晋升的心态下，他们做出一些出人意料的行为也就不让人意外了。可是，留下一个好的印象并让领导重用一般是很难的，而贡献值却是能够持续积累并被认可的。除却自身的贡献值被占用，或者衡量贡献的视角不同，大多数情况下，你的贡献是会获得回报的。

明确自己的岗位职责，创造成绩是正确的自我认知。任何高层的岗位，大多都有一个从底层晋升的过程。除了特殊人才特殊使用，因此会有特殊优待之外，大多数人才也都免不了这样一个流程。所以，你又何必自怜自艾？毕竟大家都一样。因此，明确自己的岗位到底是做什么的，能够做什么，以及做出什么成绩，很重要。必须明白，任何的岗位，只要行动的空间足够，把工作做到细致，都能够出成绩。

在新征程上创造新辉煌

（2018 年 1 月 2 日）

　　2017 年已经过去，或好或坏都是过往，再追忆也不可改变分毫。当然，不变的还有我们的初心，不变的还有我们的使命。如果你还有遗憾藏于心中，也请交予新年，在这美好年华里继续发光添彩。我们不必妄自菲薄，更不必自暴自弃，只要你仍然能够汹涌澎湃，你便依旧年轻，不惧这冷色的夜，不惧这孤独的灯火。

　　2018 年随之而来，我们仍要强调"这是一个新的开始"，我们要有新的面貌和斗志。这个"新"是由诸位同志矢志不渝、奋斗前进的决心凝聚的，让社会更美好，让人民更幸福，让网络更清朗，让不好的变好，让好的变得更好。只要你想要让这个世界变得更美好的那颗热心不变，我相信，你能够做的事情依旧很多，你能够发挥的作用依旧很大。

　　青年有担当，国家就有前途，民族就有希望。"为中国人民谋幸福，为中华民族谋复兴"，诸位要相信，相信在实现中华民族伟大复兴的征途中，我们能够打败一切敌人，我们能够战胜一切困难，我们能够在伟大斗争里夺取伟大胜利，创造伟大辉煌！你若坚信，你便不败。

　　每一年都是一个开始，新年往复，我们在努力中前进，在前进中成长，在成长中坚信，坚信正义会始终彰显，坚信罪恶终将消失，坚信一些社会个案里的问题和社会矛盾会在社会的共识中得到解决，让有冤屈的人不再怨愤，让被侵犯的人不再愤怒，防止我们中的某一个人成为下一个"受害者"，帮助我们身边的所有人成为那个"更好的自己"。我们应坚信，在依法治国精神沐浴下，人民会更有知识，会更守道德，会更遵规则。

民心是最大的政治，造福人民是最大的政绩。广大领导干部，要能想群众之所想，急群众之所急，要让人民的生活更加幸福，要在人民群众最关心的教育、就业、收入、社保、医疗、养老、居住、环境等领域，投入更多的精力，释放更多的福利，要广聚天下智慧服务人民、服务社会、服务国家。

社会从来就不是以一个宏大叙述的故事开篇，而是由一个又一个平凡简单的小故事组成。只不过这种"平凡"里透着人情，这种"简单"里诉说的是淳朴。"千千万万的普通人才是最伟大的"，这是我们最原始的感动和感恩。愿每一座城市都善待为这座城市奉献着的每一个人，愿每一个人都能在 2018 年拥有更多的获得感、幸福感、安全感，收获更多的喜悦和温暖！

努力并励志着迎接明天

（2018年2月17日）

在满屏的祝福里，我们能够感受到人们对幸福美好生活的向往。

可是幸福美好的生活从来就不是凭空而来的，更不是不劳而获的，而是必须要脚踏实地努力奋斗。每个岗位都有每个岗位的价值，我们今天的收获有我们个人的付出与努力，但是也有这个国家赋予我们的优势。我们应多思考，思考个人与社会的关系，思考个人前途与国家命运的关系。

移动互联网时代，我们与周遭的距离不是更远了，而是更近了。只要你愿意，你能比以往的人们更全面地了解我们脚下的这片土地，了解我们这个社会发生的每一个重大事件、突发事件、热点话题，这份透彻或许能使你保持头脑的清醒。希望也一定是使你清明，而不是困扰。

转眼间，2018年快过去两个月了，"冰花男孩获捐善款用途引争议事件""万豪酒店事件"等，让公众或是愤怒，或是焦虑，或是担忧。

我们听到了许多声音，有旁观者无助的呐喊，有当事人沉默的痛哭，有围观者对真相的呼唤，有质问者对道德和法律的坚守。在众声喧哗里，有失去理性的极端情绪宣泄，但更多的是追求正义的探寻与执着。

社会万象，我们应该是哪个样子？我们又是否清楚自己是哪个样子？希望努力的人们继续努力，越发充满斗志，励志向上。希望我们的党政领导干部能够继续回应人民群众追求幸福美好生活的呼声，不忘初心，牢记使命。

　　生活，没有那么多的无味安慰。现实，才是能够实现的生活。很多人一边埋怨着生活的诸多不顺，一边又咬牙坚持，这才是生活。真正的励志，其实正是我们身边的诸位。

历史呼唤责任　坚守正义高地

（2018 年 3 月）

每一代人都有每一代人的责任。我们每个人都应该在这个时代里找到属于自己的定位，要对自己有一个正确的认识，更要正确认识到自己肩负的责任。

"历史和现实都告诉我们，青年一代有理想、有担当，国家就有前途，民族就有希望，实现中华民族伟大复兴就有源源不断的强大力量。"中国网民数量世界第一，与之对应的是中国当代青年的责任之重。党的十九大报告明确指出，满足人民过上美好生活的新期待，必须提供丰富的精神食粮。在互联网时代，网络是信息传播的重要载体，是输送精神食粮的重要渠道，更是新闻舆论的重要阵地，我们的青年网民必须主动担当、主动作为。

这个时代是有记忆的。"东方之星沉船事件""红黄蓝幼儿园虐童事件"等新闻，在网络上留下了深刻的印记。有的事件被利用成了谣言的依附体，有的事件则成了一些人士攻击党和政府的"凭证"。在无序的喧嚣里，社会信任岌岌可危，一种逆主流价值观念的潮流随之暗涌，这应当引起我们高度警惕。

"凝聚共识工作不容易做，大家要共同努力。为了实现我们的目标，网上网下要形成同心圆。"网络界的有志之士，一定要有政治意识、大局意识、核心意识、看齐意识，坚决维护意识形态安全，努力营造清朗网络空间。如果任由整个网络乱哄哄的，不去批驳偏激言论，不去澄清虚假谣言，不去抵制历史虚无主义，不去驱除阴暗杂音，那么整个社会集体的思想分歧只会被割裂得越来越大。弘扬主旋律，传播正能量，拒绝精神鸦片，应当成为亿万网民的共同责任。

  责任不是负担，而是一种发自内心的爱。这种爱绝不是道德枷锁，而是"路漫漫其修远兮，吾将上下而求索"的追求。有些责任不是与生俱来的，而是人们在不断成长的过程中逐渐认识到的，是自我修养的提升。"士不可以不弘毅"，不忘初心，继续前行，才能够让 14 亿中国人民感受到最大的公平正义。

  这个新时代的好声音，一定是为了公平正义发出的声音。有使命感的网民一定也是敢于发声的战士，无惧污蔑与抹黑，无畏讽刺与诋毁。当"南京彭宇案""南京养母虐童案"等新闻历经信息细节上的关键反转，当网络暴力在情绪宣泄的浪潮里进入集体无意识的状态中，当我们的社会被一波错误舆论裹挟的时候，我们更应恪守底线，探寻真相，让一切回归真实，让被误解的人得到理解，让被伤害的人获得安慰。

  当"杭州保姆纵火案""魏则西之死"让我们陷入集体焦虑的时候，我们必须坚信：我们批判，我们反思，我们质问，是因为这是一个充满希望的新时代，是因为这是一个遍地生机的新社会。我们仍然饱含着希望与爱，这又何尝不是正能量？

  广大的青年网民，切莫失去一身锐气和坚定决心，不要做那黑夜里孤独的烛火随风渐弱。负重也好，压力也罢，牢记使命，担当责任，汇聚的萤火只用那一角的光亮，便可以照耀整个天际。

新时代属于每一个人，我们从未被时代抛弃

（2018 年 5 月 4 日）

长期以来，在社交平台上总是流传着一种腔调："如果你没能赢得物质上的极大成功，那么你过着的便是失败的生活。"于是乎，没能达到那 10% 人群财富标准的绝大多数人，就被定义为"失败者"，被告诉着"没有未来"。甚至在一些贩卖焦虑的文字里，我们被烙上了"我们正在被这个时代所抛弃""你正在被这个时代慢慢淘汰"的印记。

伟大的时代重在我们实现自身价值的过程

一个伟大的时代，必然是绝大多数人都能够获得尊严。这种尊严不仅是物质上的基础保障，更是在精神上获得极大支持。当前社会生产力已经得到了很大的提升，人民的幸福感也有很大的增强，或许社会发展仍然不够平衡不够充分，但是我们没有必要刻意去放大贫富差距下的精神上的幸福差异。

无论是顶级富豪，还是工薪族群，我们作为人在这个社会获取的尊严是平等的。这既是在社会制度的维护下，对人的权益的极大保护，也是在文明底蕴的积累上，对人的道德的极大推动。我们一直吟唱着这个时代的伟大，但是"伟大"不只是宏大叙述的故事，还在于我们每一个个体实现自身价值的过程。在实现梦想的征途中，我们更能深

刻认识到个人与国家的关系，体会到时代赋予我们的美好与机遇。

不该用一种标准定义所有人的成功和幸福

每个人都是平等的存在，幸福绝不可能成为少数人的"附庸"。虽然，我们时常受限于现实的种种枷锁，但将那看成是历练，或许又是一番别样的体验。如果我们对成功的定义都陷入一种单一价值的狭隘判断中去，"成功"自然会沦落为少数人的谈资。可若是我们心诚意正，勇敢面对生活中的诸多不顺与得意，不必狂妄，也不必卑微，成功又何止一条路？

人民是历史的创造者，人民是时代的英雄。无论是有意识的个体，还是无意识的行为，人民都是这个时代最重要的内核，我们的精神力量是我们最宝贵的财富。其他的各种"身份"，只不过是我们定义生活的一种方式，但并非唯一的不可变的。我们不必过分纠结于短暂的不得意与失落，也不必过分执着于一时的不完美与失败。

心恒持之，要在努力前行中创造美好生活

有信念、有梦想、有奋斗、有奉献的人生，才是有意义的人生。我们都身处于同一个时代，这是一个充满希望和前途的时代，这是属于我们每一个人的新时代。在历史新的风口，或许每个人前进的步伐并不相同，但并非意味着前行稍慢些的人就被舍弃了。只要心恒持之，意恒新之，我们绝不会被时代所抛弃。

可能有太多人被外物于形的"身份"所羁绊，被"物质"所支配，迷失了自己的初心，被他人的标准所"绑架"，放弃了自己既定的目标，不可谓不可惜，实在令人遗憾。

人生不是赛道，我们不是只有直线一条单项选择。更多关键时候，我们要学会"转弯"。路是自己走出来的，过程虽坎坷，但是朝着终点

的方向前进最为重要,不应拘泥于细节的挫折与困难。在我看来,大多数人的梦想不应被一些偏执的标准约束,我们追逐成功,更应在逐梦的道路上活出真我,用勤劳的双手创造幸福美好的生活。

致高中毕业生：你可以不完美

（2018年6月8日）

　　6月7日、8日是2018年的全国统一高考日，部分地区高考时间为3天。很多同学都奋战在高考一线，或是为了验证自己的努力，或是为了破开一角未来的光景，总之，你们努力着、认真着，但都希望有个好的结果。

　　你们把这看成是高中的"最后一考"，其实人生的考试总是让人"防不胜防"，不知何时你便又有可能陷入一场自己同自己、自己同他人、自己同社会的竞争和比较中去。有时，真的不必苛求"完美"。常胜的将军固然值得尊敬，可是越挫越勇、屡败屡战的人也不失可爱。

　　在正常的评价体系里，应当允许人的不完美，应当承认存在瑕疵的"完美"。如果给一个标准定下过于苛刻或者近乎违背正常认知的条件，那么这个标准本身就会成为困扰我们的存在。高考得利，值得庆贺。高考失利，难道人生就没了乐趣和滋味了？路还长着，多失败几次就知道"哪有什么过不去的坎儿"，该前进还是要前进的。

　　你可以不完美，并不代表你不优秀。在对人的综合评价中，一些人往往做到了综合而刁钻，而非综合而全知。刁钻之处，很多人应深有体会，如在人际交往过程中，有人总是能找到许多说你不够完美的理由，进而给你扣上一个不优秀、不上进、不努力，甚至称你"有问题"的帽子。此时，是否觉得自己的付出和心血得不到认可？是否觉得周遭的不理解让人生厌？心中又是否有一种疲累的消极情绪在膨胀？

　　你要记住的是，路真的是自己走的，生活也真的是自己过的。你的付出和心血都是对自己的投资，这种投资会在日月积累中显现可贵。只要你向前走，周遭议论的人便离你越来越远。你需要做的是不停留、不颓丧。

　　等到以后，等待你接触的事物足够丰富的时候，你愈发能够了解，优秀与否有的时候在于评价的标准。

　　生活中，有些人虽然能力并不是特别亮眼，但做事努力上进，人际关系也很好，算是一个优点。可是在另一些人眼中，却觉得他们不那么"聪明"，有些交给他们的任务办得不那么利索，于是就有了"虽然各方面都还不错，但是……"的遗憾评价。

　　也有些人，个人能力很强，成绩很突出，这是很容易被看到的优点。可是他们和旁人的关系却不一定那么融洽，因此就会有人觉得他们性格不够沉稳，最终也避免不了"虽然个人能力和业绩突出，但是……"的遗憾评价。

　　只要有人想否定你，他是一定能够找到一个"否定你"的标准的。可是并不代表所有人都要否定你，更不代表所有人都会抛弃你。

　　一些同学，可能听惯了很多负面的评价，一直都在积蓄压力的过程中学习、考试。那种苦，是真实的苦。可是那种苦，就像是化茧成蝶的历练，你追求多大的成功，你就得经得起多大的历练。承认自己不完美，并不代表我们放弃对自己更好、更高的要求，而是我们要坦然面对人生的各个阶段会遇到的困难与挫折。

你真的老了吗？莫丧失理想的锐气

（2018 年 10 月 29 日）

我曾在朋友圈写下这样一段话：当你老了，不再如年少时意气风发，不再火热，不再骄狂，不再满心欢喜，不再承着十六岁的理想国。有人问我，现在就感觉到自己老了吗？我想说的是，"老"不一定是生理上的表现，对于很多年轻人而言，"老"更像是一种精神上的状态。所以难免听到一些二三十岁的青年时而感慨自己"老了"。

现在的大学生，主要是"00 后"和"90 末"，不可谓不年轻，但要说有没有在哪个时候觉得自己老了呢？我想，可能是有的。

我相信大家都有经历过挫折的时候，毕竟哪有那么多一直被幸运眷顾的人。也就是在你遇到困难，遇到一些让你不舒心却又无力解决的事情时，你可能会忽然感觉：我老了。我相信，一些大学二年级的学长学姐在面对大学一年级的学弟学妹时，感慨自己也曾那般时，或许也会觉得：我老了。

为什么总是要反复强调"老"这个字呢？因为我害怕，害怕面对精神上的老去，我们丧失了向上的动力，失去了拼搏的勇气，变得消沉。很多同学在感受到疲惫的时候，是否就丧失了锐气？什么锐气呢？理想的锐气。不知道还有多少青年很明确地告诉自己，"我有什么理想，我正在为理想而奋斗"。

你们现在很明确自己的理想是什么吗？应该很难吧。但是同样的问题换到小学生身上，我想我们是能够听到五花八门的答案的。可惜，随着年岁的推移，反而到了我们自认为比较成熟的年纪时，再被旁人问及自己的理想，却总有人羞于启齿或者搪塞应付，认为谈理想是一件并不现实的事情。因此我很希望，我们都应该好好想想，自己的理想到底是什么。

青年一代有理想，有本领，有担当，国家就有前途，民族就有希望。这是新时代青年要有的觉悟。如果我们现在还不明确自己有什么理想，都不坚信自己可以实现自己的理想，无法去寻回自己的理想，那么如何去担负起强国使命？所以在这个时候，其实大家需要明确的是我的理想到底是一个怎样的状态，我的理想应该可以成为什么？

在九十多年前，在那个战火纷飞的年代，有一些人的家庭较为优渥，他们本可以避开战火的牵连，但是他们毅然决然地投入时代的大事业中去，搞革命。在新中国成立之后，面对一穷二白的困境，有些人毅然决然地奔赴到了最需要他们的一线。还有很多人为了国家事业，为了人民幸福，不仅要到艰苦的环境中去，更要长时间保持不和家人联系的状态，他们为什么这么做？改革开放的这四十年，中国一跃而起走到了世界舞台的中央，离不开那些为了建设社会主义现代化强国而努力奋斗的同志。

他们本可以选择置身事外，却选择了投身其中。我知道大多数人不太相信所谓的伟大的情操，也不太相信崇高的人格，可是如果你的理想伟大并且坚定，便没有不可能的。如果换成是我们，大家是否也会有这种主动担当的意愿和想法？

我知道，很多人不再讲究那些别无所求的回报，不再讲究那种大时代的付出，不再讲究不计一切成本的投入。我们容易被影响，有的还未找到理想信念便陷入迷途，有的则慢慢动摇自己的理想信念，朝着坏的方向滑行。可是，这个时代，总归有些人做着在我们看来是逆流前行的事。时间会告诉我们真相，让一切都值得。

年轻的时候，
不要留下败给金钱的遗憾

（2018 年 10 月 30 日）

在二十岁左右的年龄，有种遗憾是败给金钱。虽然多年之后再看往事，也并非多么大的事情。只不过身处这个阶段的人，很多时候还是会因为金钱丧失了许多快乐。金钱，很多时候带给一些学生的是绝望，因为处处需要花钱，可是自己却还没有赚钱的本领。面对金钱时，最普遍的取舍是选择为了金钱而放弃一些存在，放弃自己的时间，放弃自己的目标，放弃自己的鬼马天空的想法。因为你会告诉自己，现实就是如此。

我倒不是觉得金钱是恶的，只不过它确实让一些人不得不变得势利和自私。当然也有一些人扛住了压力，熬一熬也就真的过去了。很多人认为现在最重要的是赚钱，如果没有钱，什么都是虚的。因此，我们总能找到臣服于金钱的理由，总能找到一个"我"应该被金钱支配驾驭的理由，最终我们不得不出卖自己的生活和时间，不得不出卖自己的理想，因为这些都会成为"理所当然"的步骤。

其实何必呢？金钱所支配的你的所有选择，决定权都还是你的。可能有人会说，你能够站着说话不腰疼，是因为你可以不惧怕贫穷，因为有比较扎实的物质基础。其实，有的时候是我们搞混了一些逻辑关系，我们不是因为拥有而无惧，而是因为无惧才拥有更多。

好多人觉得做有些事是没有理由的，这也意味着我们做很多事情其实都是有理由的。我认为，总该还有一个驱使你去做这件事的理由，不管驱使你往前走的这个东西是好的还是坏的，它肯定是存在的。我们可以自问，我们做的很多事情是因为真正热爱吗？譬如高校里的一些讲座安排了学生干部参加，总是有些人表现出一脸疲态，很是没有精神，那他们又是为何而来？

我为什么要在前面谈到金钱这个话题呢？因为有时候支持我们前行的动机并不简单，可能就是为了某种利益。其实同样是做一些事情，换一种理由，我们能够看到的世界可能更大。因为就有人可以不惧金钱的诱惑，他们可以放弃高薪的工作，去创业打拼，结果收获了更大的成就。如果你感到安逸了，那么你离更大的成功就更远了。

还有一些演艺人士，可以放着一年成百上千万元收入的活动不接，选择去贫困山区支教，为的是心灵的一种追求。或许很多人不解，他们觉得，成为演艺人士不就是为了赚钱吗？格局差了，想什么都变得势利化了。

前段时间，演艺人士周润发捐出全部财产的事情登上了网络热门话题。有人问，凭什么他这么富有？他的富有并不是简单的物质上的富有，他的富有在于他可以无畏将财富交托于他人，这是心灵上的富有和安定。还有另外一位艺人心系公益积极捐建学校的事情也在网上被热议，那就是古天乐。因为其行为过于让人感动，网上甚至出现了"除了太阳，谁也不能黑他"这样的声音，娱乐之外透露的是对古天乐的喜爱。

你们是否想过？如果你有钱了，你会怎么办？买别墅，买游艇，买豪车？对于金钱的使用，决定权在你，能发挥多大的效用，也在于你。我支持大家去创造更好的物质条件和生活，但是我们应当怎么去支配金钱，如何辩证把握金钱与我们的生活的关系？大家都应该有一个合适的度量。

其实，对于我们而言，年轻时贫穷不是很正常的事情吗？当你心中有一个度量的时候，你就会知道，金钱只是一种选择，但不是唯一选择。年轻的时候，千万不要留下败给金钱的遗憾。

拒绝偏见，正视青年

（2018年12月6日）

社会上涉及青年的负面新闻是有些的，也影响了社会对青年的评价。尤其关于大学生群体，今年以来有很多负面舆情事件。确实，有很多年轻人做了一些错事，只不过他们能代表整个青年群体吗？

经常听到一些人说现在的青年如何如何功利、懒散，如何如何堕落，如何如何心浮气躁，如何如何傲慢与无礼……难道除了这些，青年就没有优点了吗？我虽不认同"以丑恶之心看人必是丑恶之人"这个逻辑，可也不得不问这些人，难道青年的身上只有这些缺点吗？

当然不是。人们所犯的一些错误在很多时候是有共性的，是不以其他假设性条件区分的。当你为自己所犯的错误感到沮丧的时候，要知道你还年轻，你是有"试错"机会的，每一次犯错误不代表你不行，而是告诉你：我们又可以通过"这一次"完善自身，使得自己更加优秀。

每一个人走在红尘里，都要有接受磨炼的觉悟。当然，如果你的每一次错误都停留在同样的地方，那你就要好好反思自己，为何总是犯这般错误？哪里需要改善？如何进行提升？请记住：反思不是逃避，而是为了解决问题！

我们承认，作为青年，我们在成熟与内敛之路上还要走很久，可能还要"错"很多次。宝剑不经磨砺，何来开刃锋芒？青年不遇困难，如何百炼成钢？没有过往的错及知错而改的进步之力，又哪来后面的社会栋梁和中流砥柱？

时间能够打磨青年的心性，可这并不意味着我们就要把心性变得很淡很淡。时间的沉淀是赋予我们成长成才的本领，不是把我们往冷淡的没有一丝热气的角落驱赶。我们照样可以发光发热，我们照样可以温暖如火。

青年的身上必须有一股向上的热火，要在黑暗中稳步前行，要在冷冽的质疑声中昂扬向上。倘若你觉得孤独，倘若你觉得沉闷，那就让自己更加闪耀，这样你就可以看见与你一样发光发热的青年也在这冷色的黑夜里向前。

没有一个群体一开始就能够被冠之"伟大"的称号，都是因为其有所为的过往才有了日后的辉煌。我们的未来拥有无限可能，也能带来许多惊喜，人们应当看到这一点。担当强国使命的一代青年，终究还是会走向"伟大"的。

嫩芽破土像极了青年的现实遭遇。你没有看到它的坚毅与强大，但是并不代表它不能绽放美丽、不能参天蔽日。你只看到了它的渺小与微弱，但是并不代表它不能茁壮成长、不能傲立风雨。任何人都不应该忽视我们的可成长性和可塑造性，他们应该正视青年的力量，理解青年的声音，明白青年的作用。

我们需要的不是嘲讽，不是挖苦，不是诋毁，更不是没有道理的情绪式的污蔑。我们需要的是认可，是真正的对青年的一种肯定。我们有自信，我们可以担当社会的责任和历史的使命。可是，你们能够对我们有一些"自信"吗？

我知道，很多"长者"对青年的印象并不好，就像他们曾经被他们的长辈所不看好的那样，在很长的一段时间，他们也不太看好我们。无论是"垮掉的一代"还是"颓废的一代"，媒体舆论的声音，以前都好像在告诉我们：你们还年轻，所以你们不行！

时间的考验能给我们各种答案，或是好的或是坏的，然而靠时间去检验成绩却不得不说是一种"无奈"。难道没有了这些"被认可"，青年群体就无法摆脱那些"糟糕"的形象了吗？

我们是青年，只是平凡人，有的时候只是想好好地生活，心中有一点对生活的念想，可以为之好好地努力奋斗。出生于20世纪90年代初的人，好些都已经为人父母，再也不是"小孩"了。到了今日，还是有很多人对我们充满"误解"，可我们真正需要的是善意的提醒，而不是偏见与鄙视。

用理智克制的态度去观察生活

（2018 年 12 月 7 日）

在这个世界上，充斥着太多真真假假的东西，人们试图去分辨它们，有些时候却迷失在真假之中。现实总是在反复提醒，我们应如何在这其中分辨真假，保持自身的清醒？

我有时候会提起来的一句话是，你听到的未必是真的，你看到的未必是真的，你所接触的也未必是真的。一切都有可能为假，都有可能处在相对概念里的一种"假"的状态。

举一个很简单的例子，一位老师将一个桃子放在讲台上，让学生们照着画出来，大家都很认真地画完了，可是大家所画的样子有许多细节的差别，因为大家是从各自的角度去看桃子的。可是桃子只有一个，会变换形状吗？所以就算大家看到的都是真的，也是按照这个认识去评判，仍然避免不了陷入部分"假"的状态。

我们都不否认，看事物要全面。然而，受限于一些条件，你看到的，你所了解的，你敢说完全都是真正的那个本质吗？

理智和克制，是明事理辨真假的关键。不够理智，思考便失去了土壤，难以向深度前行，自然不必说养成独立思考的困难有多大了。不懂克制，不仅容易被困于人云亦云的盲目状态，也容易做出违背事实的过激判断和行为。

在一些辩论场合，旁观者对某个辩题的态度往往会随着辩论者论据的变化而变化。这种现象该怪我们不够坚定吗？并非如此。或许在当时，我们的思维会随着辩手的思维走，但最终还是会落到自己的价值观上。因为我们的认识具备一种"稳定性"，使得我们看待很多事情，只能从符合自己价值判断的角度来评判。只不过，如果我们一开始的价值判断是不符合常识的、是违背真理的，那么我们越是强调，越是坚信，也越是会走向极端。

　　作为一个独立的个体，必须有独立的判断，但这种判断的价值绝对不是因为独立而自我，应当是独立而客观。我们无法要求社会所能给我们看到的一切都是美好的，所以我们更要锤炼思想觉悟，去听、去看、去观察，多琢磨少跟风，多思考少情绪化。

离开平台你算什么？
我们要准确认识自己的价值

（2018 年 12 月 17 日）

有的时候我们评价一个人的重要性，其实只要把握唯一性和替代性即可——这个人做的事是不是唯一的？他是否可被替代？如果这个人做的事，别人也在做，且你能找到替代他的人，那么就算其身在重要岗位，其实他也可以是不那么"重要"的。

很多人分不清平台和能力的真正区别，错把平台的支持当成了自己的能力，对自己失去基本的客观判断，就会陷入所谓的资历、职级、团伙的自我沉溺中。或许个人能够在相对的环境里跃居高位，但是其自身创造剥离平台之外的价值却是较低的。

生活中这样的例子不在少数。你处在某个重要岗位的时候，他人就会亲近你，外界对你的评价也会较高；一旦你离开了那个重要岗位，周遭就会跟着变化了，因为很多人更看重的是那个重要岗位代表的职权、资源，虽然可能也会认可你的部分能力，但是并不一定与你个人产生更大的利益捆绑。

我们必须客观认识平台的价值，否则就会将其同自己的能力混淆。我们应清楚，一定规模的平台本身就自带社会的需求性，而我们在依附平台完成平台本身的价值这个过程中，也能够得到进步、收获待遇、职位提高的利益。这一切，更主要的是依托于这个平台而来的。毕竟，不是所有人都是平台的创造者，我们大多数时候是平台的依附者。

许多重要岗位的人凑在一起，会决定平台的未来走向。如果一个单位的重要岗位都是一些不思进取的人，把平台本身的价值当作个人的能力，并以此为凭仗，这对单位来说危险是极大的。因为我们所面对的将可能是一种攻守同盟，为了求安求稳，大部分人会自发性地缔结一种较低标准的发展原则，尽可能通过一些胡吹海侃制造泡沫，看起来一片积极向上之景，实则内部隐患甚大。本来这些人的离开不会对平台造成太大影响，但是当这样的人达到一定数量的时候，他们其实已经实际把控了平台的方向，往往是能够给平台带来巨大伤害的。

当然，也确实存在一些这样的人，他们正像我说的那类平台的创造者，因为无论有无平台，他们都会不断地挖掘已有资源配置更大的价值，他们会不断给自己施压以求进步，且他们也有可能通过不断学习获取掌握处理一些事务的规律，让他们往往能够跨越环境局限，创造更大的正向效应，这种创造就是跳脱于平台之外的能力。因此，我们要思考，减掉平台自身价值外，我们创造了多少价值？我们在其中扮演了什么角色？

该迎难而上时绝不退缩，青年不应否定自己

（2018年12月17日）

很多时候，我们可能不太能分得清什么是兴趣，什么是你必须去做且要坚持下去的事。正因如此，我们才看到太多为了兴趣的自由性，而未真正沉下心来扎根本领修炼的人。兴趣固然重要，但是，如果只是感点兴趣，而不敢践行，这不过像是孩子对新生事物的短暂好奇罢了。不长久，也就很难说有更多的意义。

我们必须明确一个事实：没有人能够一直帮助我们，我们的人生也不是他人所能轻易决定的。既然重要在我，那么我们就更该对自己负点责任，累了可以歇息，倘若要走，这条路还得自己踏出来。

在大学里，有的人抱怨教学质量不高，有的人抱怨学生组织太拘谨，有的人郁郁不得志，觉得没有成就感与获得感，之后就陷入一种"堕落"状态。环境固然会有些限制性的情况发生，但个人最重要的依托还是在于个人，又怎么能完全去抱怨外在环境阻碍了你的步伐？猛兽总是独行，牛羊才会成群。有的时候，选择正视问题，面对困难，而不将自己埋于牛羊群之中，是需要勇气的。可是，若是放弃了这丝勇气，个人又有什么抱怨的资格呢？

有些人总是习惯否定自己，遇到问题，第一反应不是如何去解决，而是纠结于问题本身。比如，你交代一件事给他人去做，有的人遇到

了困难总会尝试着用各种方法去破解，但有的人就会停滞不前等着你去催去推，甚至等着你去处理，这样消耗的时间和精力只会比你一个人处理起来更累。所以，那些习惯否定自己的人，也一定很容易被周遭否定，毕竟你才是自己最大的凭仗，结果你连自己都抛弃了。

每一个个体都不应当小瞧自己的力量，要准确把握和定位自己的位置，不可好高骛远，也不可妄自菲薄。每一个人都有一个成长的过程，我们自然不例外，那些你所推崇和敬仰的人也一定是从青年这个阶段过来的。有不少人在看到他人的强大后，会迷茫于自己的弱小。但是也有人反倒找到了一种激励。其实最重要的是你要走多远，你能走多远。

有的人可能会说，我觉得我走不了多远，因为我是一个再平凡不过的普通人。这也是我们经常做的一件特别没劲的事情，不断怀疑自己，就是要和自己过不去。如果你真正想将平庸作为一种说辞劝服自己，真正能够做到言行合一，那也不得不说是一种大境界。怕的就是，说辞虽有，却是无用，总是在打转中纠结和痛苦。所以，何不趁着还能跑还能跳的时候，使出气力迎难而上呢？至少不因自己而悔恨，不因未曾勇敢而痛苦。

请你善良，
我们都将化成满天星辰里的一束光

（2019 年 1 月 2 日）

  旧的一年过去了，这个旧年也是以前我们口中的新年，接下来的新年也会成为以后我们口中的旧年。我相信，在这微妙的新旧交替中，有些人的心头会拂过一阵风，似是觉悟的鸣笛。于我而言，甚是喧嚣，也甚是幽静。祝愿和期盼在这种时候从不会缺场，但在那浓烈的热爱之外，我还期待，期待温柔的善良。因为热爱，所以善良。

  过去的这一年，也许你交到了新的朋友，也许你有了新的生活。老朋友还剩下几个？对新朋友又有几分真正的认同？你认为志同道合的人是否在远去，你又是否更加明晰自己脚下的路？看着眼前的十字路口，你还会摇摆不定吗？有没有给自己过大的压力，负荷太重喘不过气？有没有给生活太多的包袱，难以减负开始彷徨？有没有太多的不确定性，让你更加烦躁和慌张？你的耿直是否还在？你的果敢是否还在？你的坚韧是否还在？生活有太多的不可抗力，你还在坚持做那个真实的自己吗？累吗？辛苦吗？孤独吗？

  请你善良，善良对待自己，善良对待朋友，善良对待生活。对过去，挥手再见；对未来，请你善良。

  过去的这一年，也许你收获满满，也许你重走一遭失意的颠簸。有得意，就有失意，我们聚焦了太多忘我的大故事，唯独忘了那一丝重要的焦虑。还有很多真正苦的人，我为他们挂念。我们一些人本就是从他们中走来，在"现实已经如此糟糕，未来更难预料"和"现实已经如此糟糕，一切都会慢慢变好"的选择里，他们才是真正的勇者，敢于正视冷淡寡薄的人生。不是因为坚信，才会一直前进；而是因为正视和前进，才会更加坚信。这是脱胎于苦和难的执着与信仰。

请你善良，善良对待信仰，善良对待磨难，善良对待挑战。对过去，我们坚忍挺过；对未来，请你继续善良。

过去的这一年，也许你还是那个"什么都不是"的人，正如大多数人可能都在原地踏步的状态，再多的豪言壮语在一句"什么都不是"面前，也是那么无力和羸弱。自我催眠的谎言说多了成不了真，却会让人不自觉地陷入更多更大的伤害中，感情和事业都是如此。"懂得爱人"是一种需要修炼的能力，这种能力会让你知道，你也可以很闪耀，你也是别人的那个"独一无二"。爱人，让你更有力，让你更强大，让你认清现实并改变现实。如果你不安，如果你迷茫，如果你渴望更强，就去学会爱人吧！

请你善良，善良对待支持你的家人，善良对待真正爱你的人，善良对待值得你爱的人。对过去，我们怀念并深藏；对未来，请你热爱并善良。

过去了就是过去了，但有些问题的答案还得自己去面对。有没有愧对的人，有没有遗憾的事，有没有爱而不满的悔恨？是否厌恶，是否痛恨，是否惭愧，是否不甘？

放下一切，我们会在此时新生，褪去旧的皮囊。祝愿心留善良的人们会越来越好，少些病痛，多些健康；少些冷淡，多些温暖；少些忙乱，多些陪伴。

虽然我们都在"老"去，但我们依旧年轻。祝愿我们都在真正意义上永远年轻着，不畏惧苦难，不逃避困难，不遗憾艰难。祝愿我们的努力和善良，最终都会化成满天星辰里的一束光。

愿时光不再匆匆。

眺望新的一年，迎接新的明天

（2019 年 2 月 2 日）

"雨后烟景绿，晴天散馀霞。东风随春归，发我枝上花。"在这辞旧迎新之际，我们将迎来中华民族的传统节日——己亥年猪年春节。这是喜庆的日子，我们都沉浸于节日的喜悦之中，更在一股浓烈的温暖氛围中满心期待，欢喜地眺望新的一年，展开新的规划，迎接新的明天。

"千家万户都好，国家才能好，民族才能好。"团圆是一种圆满，也是幸福的样子。一家团聚欢欢喜喜过新年，这是人民群众最纯真的盼念，因为这才是幸福的味道。不同的人有不同的幸福追求，但"合家欢乐""一家团圆"一定是千千万万家庭最关心最重视的大事。千千万万家庭的幸福就是中华民族的幸福。在实现中华民族伟大复兴中国梦的征途中，我们也需要从传统文化节日中汲取人民对美好生活盼望的精神力量。

"团聚最喜悦，团圆最幸福，团结最有力。"春节是中华民族重要的传统节日，也是千万家庭心系牵挂的日子。幸福不是从天而降的，我们的幸福要靠双手去打拼，我们的未来要脚踏实地去实现。可是，如果我们没有一个梦想，失去了对美好生活的向往，我们又如何前进？

"我们都在努力奔跑，我们都是追梦人。"每一个时代，都有一批追逐梦想而奋斗的人,他们也如今天的我们一般,在波澜壮阔的大时代里努力奔跑。没有前辈的奋斗,便没有今天的生活。他们曾经的很多梦想终于在很多人的共同努力之下实现了,而我们就成了享受这些果实的一代人。

我们既要当追梦人,也要当圆梦人。我们想要创造什么样的生活,我们就要做出相应的努力,响应时代的呼唤。在这新旧交替之际,在这千万家庭团圆之时,我们越发感觉到责任的重量——美好的生活需要我们去奋斗,我们要敢于有梦、勇于追梦、勤于圆梦。

梦想是永恒的主题,奋斗是永恒的旋律。今年是新中国成立70周年,回首过往,我们的梦、中国的梦、中华民族的梦正在慢慢实现。为中国人民谋幸福,为中华民族谋复兴,离不开奋斗精神,我们要为了梦想而奋斗,去追逐这个时代的精彩人生。

"前人栽树,后人乘凉。"追梦的奋斗过程是艰辛的,也是长期的,越是伟大的事业越是需要我们一代一代接续奋斗。生活从来就没有无条件的安好,如果你没有看到更大的苦和痛,一定是有人替你负重前行。没有前人的付出及打下的基础,我们的美好生活无疑将多遭受些困苦之扰,作为新时代的青年,更要明确自身的责任,去付出去奋斗去追逐梦想,去创造幸福美好的生活。我们要在时代的交接棒传递过程中,发挥自身的作用,为未来的如同我们一般的年轻人打下更厚实的美好生活基础,营造一个让他们敢于有梦的环境。

追逐梦想的过程也是一种享受幸福的过程。"幸福都是奋斗出来的",如果我们不能做好一个追梦人的角色,我们的幸福又该寄托于谁?在一年首尾相交之际,万家团圆是最美的场景。我相信,我们将以奋斗之力创造更加幸福、更加美好的生活,因为我们都是这个伟大新时代的追梦人。

如果无法感同身受，那你永远都不知道别人在承受什么

（2019年10月16日）

"那一天，我想要去死……"一个人到底是在多么绝望的情况下，会说出这样一句话？

背后到底是一个什么故事？你有没有似曾相识的感觉？

2019年10月14日，25岁韩国女艺人崔雪莉被人发现在家中身亡，让人唏嘘不已。或许有很多人会说，一个外国艺人与我们有什么关系？

实际上无论是抑郁症，还是网络暴力，作为童星出身的她，所经历的生活和我们都有关系。

如果你不能感同身受，便无法深刻理解。网上有句话叫"当你死去，全世界突然爱你"，或许只有在更大的悲痛前，我们更能体会生活的不易，幸福的难得。

人生中不如意的事有很多，非但不会一帆风顺，甚至还会出现很多的坎坷和困难，让我们倍感压力巨大。

普通人，普通的生活，却可能在承受着并不普通的艰难。

之前，网络上一个话题引发网友的讨论，一个大学一年级女生发帖称希望母亲每个月给自己4000元的生活费，但却被拒绝了，觉得很委屈。

我想，很多看到帖子的人恐怕无法将之作为一个轻松的话题对待。

4000 元人民币，这对你来说是一个什么概念？一个月的支出？两个月的收入？还是全家一年的生活费？

（一）

我曾接触了这样一个男生，他的父亲在他幼时去世，家里全靠母亲一人养着他们两个未成年的孩子。

他们小时候也吃遍了村里的"百家饭"，上大学还是靠贷款、接济筹钱才解决的学费。

他的母亲相对正式的工作可以理解为"扫大街"，一年的收入大概也就是 4000 元。

所以有的人眼里一个月的支出，其实也是别人一家子一年的"救命稻草"。

同样是大学一年级时的状态，完全不一样的境遇，他难不难？

（二）

如果你在街上看到一名环卫工人扫地，你会多留意吗？

差不多七年前，有次我在过天桥时，看到一个拿着扫帚的大姐和路边一个三四岁的孩子玩了一会儿，旁边是来往的路人，唯有他们是那个场景里的主角。

我当时就在想，这是她的孩子吗？或者，她是不是有一个差不多大的孩子。

孩子在长大，她在变老，她是不是错过了一些重要的时间？可是她还要生活啊，她难不难？

但我看到她和孩子一起玩的时候，很开心，是少有的特别的那种笑容。所以我也一直记着。

（三）

都说"穷人家的孩子早当家"，那是我们无法理会的艰难，他们早已学会习惯，并从中找到了让人幸福的力量。

你还记得那位"感谢贫穷"的北京大学学子王心仪吗？

也许有的人看到的是她"北大学子"的光环，却不见她家徒四壁、命运多舛的现实。

她普通吗？普通。

她幸福吗？我想应该是幸福的。她还有爱的亲人，她还有充满希望的生活。一切都在慢慢变得更好。

（四）

"心中有阳光，脚下有力量。"

我有一位长辈，二三十年前出了一场事故，一条胳膊缺失，双腿瘫痪，从此之后就一直离不开轮椅。

你知道一直坐在轮椅上是什么感受吗？

你知道永远只能用一只手拿东西是什么心情吗？

他的这种体验持续了二三十年，还将伴随余生。

胳膊缺失处可能早已麻木，但是那种刺骨的冷不曾消失，双腿只有微微的知觉，但却永远站不起来的那种绝望，你能明白吗？

他本是一个普通人，现实让他不再那么"普通"，他难不难？但是，我却从未在他身上看到过一丝自卑。轮椅限制了他的腿，但是没有限制他心中的阳光。

体面，是自己给自己的，不是别人施舍给你的。

（五）

"我怎么这么难""我好难啊"这些是时下的青年都会说的话。

其实，生活真的好难，但都不是那么浅薄的难。

如果你没能体会到这一点，那么你所经历的不过是自大的吹嘘、愚蠢的逃避。

扪心自问，你努力过吗？你挣扎过吗？你绝望过吗？你真的想要舍弃自己吗？

如果没有，请你正视那些困难，它们并不可怕。如果有，那你还怕什么困难？你已经一无所有，从此刻开始，你就是在重生。

（六）

前段时间，一个27岁的研究生选择以跳楼的方式结束自己的生命，这"纵身一跃"也引起了大家的讨论。

各种声音之外，对于生命的敬畏是否还有？

我想说的是：活着，是远比死亡更重要的一件事。

如果遭受一些困难就要选择放弃生存的勇气，那么我可能已经死过几十次了。

每个人都不容易，不必把自己说得那么悲天悯人。你想要获得什么那就去争取，努力勇敢地向上而行。

如果你一味地逃避生活的丑陋和阴暗，那你就不配拥有生活的美好和光明。我们每一个人都可以是自己的英雄！我希望你能够在自己挺不住的时候拯救自己。